SUSANNE ROLL

ANTONIO
UND DER
WOLF VON GUBBIO

Eine Geschichte über eine Reise, eine Suche
und viele Wunder

Franz von Assisi für junge Leser

Bibliografische Information der Deutschen Nationalbibliothek:
Die Deutsche Nationalbibliothek verzeichnet diese Publikation in der
Deutschen Nationalbibliografie; detaillierte bibliografische Daten sind im
Internet über http://dnb.d-nb.de abrufbar.

© 2018 Neukirchener Verlagsgesellschaft mbH, Neukirchen-Vluyn
Alle Rechte vorbehalten
Umschlaggestaltung: Grafikbüro Sonnhüter, www.sonnhueter.com,
unter Verwendung eines Bildes © Volker Konrad
Lektorat: Sarah Vogel, Geithain
DTP: Magdalene Krumbeck, Wuppertal
Verwendete Schrift: Adobe Garamond Pro, Pinto No_01
Gesamtherstellung: Finidr, s.r.o.
Printed in Czech Republic
ISBN 978-3-7615-6489-9 (neukirchener verlag)
ISBN 978-3-96157-047-8 (camino im Verlag Katholisches Bibelwerk GmbH)

Für Joni, Fliegi und Eddy: die weltbesten Kuschler

INHALT

KAPITEL 1

DER WOLF VON GUBBIO

Zitternd starrte ich auf meine Hände. Sie waren blutig, zerrissen und aufgeschrammt. Ich kniete atemlos am Ufer des kleinen Baches, der an unserem Hof vorbeifloss, und weinte hemmungslos. Es war das Jahr des Herrn 1226 und morgen würde mein vierzehnter Geburtstag sein. Eigentlich freute ich mich schon lange auf diesen Tag, denn Mutter würde wieder einmal ihre herrlichen Honigküchlein backen, mit Mandeln und feinem Mehl. An diesem besonderen Tag bekam ich immer einen extra großen Kuchen zum Frühstück und noch einen zweiten, kleineren für die Tasche. Dazu frische Milch und einen Apfel für die Mittagspause auf der Weide. An den üblichen Tagen waren es nur Brot und Wasser.

Doch an diesem Tag war die Stimmung auf unserem Hof eher gedrückt und traurig. Ich konnte mich nicht so richtig auf meinen Geburtstag freuen. Warum das so war? Ich habe mich wie ein Hasenfuß verhalten, bin weggelaufen, voller Angst, und habe geschrien und geheult wie ein Mädchen.

Vater sagte zwar, dass das überhaupt keine Schande sei, doch ich meinte, die Enttäuschung in seinen Augen gesehen zu haben. Schließlich haben wir durch mich schon wieder eines der Schafe verloren. Nicht eines der kümmerlichen kleinen Dinger, auf die man gut verzichten kann, nein, diesmal hat es Renata erwischt, unser bestes Mutter- und Milchschaf. Sie war hochtragend und sollte in der nächsten Woche gebären.

»Antonio«, hatte Vater gesagt und mir beide Hände auf die Schultern gelegt, »selbst gestandene Männer nehmen es nicht leichtfertig mit einem Wolf auf. Besonders nicht mit einem, der uns ausgehungert vom Winter aus den Bergen anfällt!«

Ich hatte den Blick gesenkt und mich dann wütend seinem Griff entwunden. Ich war zum Bach hinabgelaufen und hatte mich auf die Knie fallen lassen. An meinen Händen klebte Renatas Blut und das nur, weil ich nicht mutig genug gewesen war.

Hundertmal im letzten Winter habe ich mir vorgenommen, dem Wolf mit mehr Mut zu begegnen. Ich hatte schließlich fast das vierzehnte Lebensjahr erreicht und stand kurz davor, erwachsen zu werden. In den letzten drei Jahren war ich mit meinem Vater zusammen im Frühjahr auf die Wiesen gegangen, um die Schafe hinaufzutreiben, auf die saftigen Weiden an den Hängen des Apennin Gebirges. Ich liebte den Blick auf die schroffen Berge, auf den Monte Ingino, der sich über unserer Stadt erhob und ganz besonders auf den Monte Cucco. Lang bis ins Jahr hinein trug er seine schneebedeckte Kappe.

Und überhaupt mochte ich den Frühling. Das Grau der Berge und das Dunkel des Waldes wurden von Licht und Farben durchbrochen. Frischer Wind blies würzige Gerüche ins Tal und das Leben erwachte wie durch einen heiligen Zauber. Den strengen Winter über verbrachten die Schafe im Pferch, nahe am Haus. Na ja, es war mehr eine Hütte, doch ich sagte gerne Haus, irgendwie hörte sich das nach mehr an. Tatsächlich bestand unser Haus aus einem einzigen großen Raum mit Kamin, in dem wir uns tagsüber aufhielten und auch aßen und einem kleinen Raum dahinter, der als Schlafzimmer für meine Eltern, Bianca und Alanso diente. Ich selbst schlief auf dem Dachboden, der durch eine hölzerne Treppe zu erreichen war.

Ich fütterte die Schafe mit Heu und Tannengrün. Doch wenn die Schneeschmelze einsetzte, die Bäche ins Tal rauschten und das erste neue Gras glücklich aus dem Boden schaute, dann wurden sie unruhig, dann wollten sie hinaus, sich bewegen, Kräuter fressen und ihre Lämmer gebären. Eigentlich eine schöne Zeit, genauso wie mein Geburtstag … eigentlich. Wenn da nicht der Wolf gewesen wäre.

Seit mittlerweile drei Jahren suchte er uns und unsere Herden immer wieder heim.

Als die Verluste im letzten Jahr zu groß wurden und die Angriffe des Wolfes auch auf Menschen übergingen, hatten sich einige Hirten aus der Nähe von Gubbio zusammengeschlossen, um das Tier zu erlegen. Auch mein Vater hatte sich ihnen angeschlossen, denn er wollte ein für alle Mal dem Spuk ein Ende setzen. Zu viele Lämmer hatten wir verloren und im letzten Jahr einen wertvollen Bock. Der Wolf war ein Einzelgänger, groß, grimmig und schlau. Irgendwie schaffte er es immer wieder, dem Netz der Jäger zu entwischen, so als ahne er, wo sie nach ihm suchten. Gingen die Männer nach Süden in den Wald, lief er nach Norden in die Berge, folgten die Männer seinen Spuren in die Berge, schlug der Wolf einen Bogen und lief nach Süden. Kamen die Männer dann abends heim, mussten sie erfahren, dass der Wolf wieder zugeschlagen hatte.

Da auch diese Strategie keinen Erfolg brachte, sondern im Gegenteil, der arme Stefano, der zweite Knecht unseres Nachbarn, sein Leben durch den Wolf verloren hatte, verdoppelten die meisten Familien die Anzahl der Hirten, die ihre Herden bewachten. Der alte Seppo zum Beispiel, unser direkter Nachbar, der eine beträchtliche Anzahl an Ziegen hatte, schickte seine vier Söhne und seinen Bruder hinaus. Er litt unter den geringsten Verlusten an gerissenen Tieren. Tozzo, der seinen Hof etwa zwei Kilometer weiter nördlich hatte als wir, hatte immerhin zwei erwachsene Söhne und war reich genug, sich einen weiteren Knecht zu leisten. Doch mein Vater hatte nur mich. Natürlich nicht nur mich! Da waren meine Mutter Anna, meine vier Jahre jüngere Schwester Bianca und mein kleinster Bruder Alanso.

»Neue Kinder bringen auch neue Hoffnung«, pflegte der alte Seppo immer zu sagen. Und ganz Unrecht hatte er damit nicht, denn Bianca wurde in den schlimmen Jahren eines Kreuzzuges* geboren. Viele junge Männer aus Italien und auch aus Umbrien hatten im fernen Land ihr Leben gelassen, um die Heilige Stadt Jerusalem wiederzuerobern. Oder sie kamen zerrüttet oder verwundet wieder, so wie Seppos Sohn Marino, der auf beiden Augen erblindet war

---

* *Kreuzzüge* waren in ihrer ursprünglichen Bedeutung christliche Kriege im Heiligen Land aus religiösen Gründen. Ritter aus dem Abendland kämpften dort u. a. in der Stadt Jerusalem gegen die Heiden.

und sich im folgenden Jahr aus lauter Verzweiflung das Leben genommen hatte.

»Wenn du mich fragst, alles Blödsinn«, meinte Seppo oft, »wir schaffen es nicht einmal, unsere Kriege im eigenen Land zu gewinnen und schicken dann auch noch unsere Männer fort, um sie von Heiden töten zu lassen!«

Seppo hatte die beunruhigende Angewohnheit, die Dinge so zu sagen, wie sie waren. Er redete nicht lange um den heißen Brei herum, sondern sprach aus, was jeder dachte.

»Um den Brei herumzulaufen, kostet mehr Kraft, als einmal hineinzuspringen«, erwiderte er stets denjenigen, die seine Offenheit als zu barsch und rüde kritisierten.

»Als der Herrgott den Takt verteilte«, hatte da immer seine Frau Maria gelacht, als sie noch lebte, »hat Seppo gerade gefehlt!« Maria war im letzten Jahr verstorben, einfach so: abends zu Bett gegangen, das Gebet gesprochen, Seppo einen glücklichen und zufriedenen Schlaf gewünscht und am nächsten Morgen nicht mehr erwacht.

»Wenn du mich fragst, Luca«, hatte Seppo am Grab zu meinem Vater gesagt, »dann ist es der allerschönste Zeitpunkt, von unserem Herrgott zu sich gerufen zu werden. Friedlich, irgendwie. Besser so, als den Vorgang des Sterbens lange miterleben zu müssen, wie im Krieg zum Beispiel.«

Der Kreuzzug war seit fünf Jahren vorüber, und alle atmeten auf. Doch der Friede bei uns im Hügelland war nicht von langer Dauer, denn die Bedrohung durch den Wolf kam zur gleichen Zeit aus dem Gebirge zu uns herabgeregnet und löste den einen Schrecken durch den anderen ab.

Auch die Geburt meines Bruders Alanso in diesem Winter brachte nur kurz Frohsinn in unsere Hütte, denn bis er soweit sein würde, dass er mit uns den Wolf vertreiben konnte, hatten wir wahrscheinlich keine Schafe mehr oder der Wolf war alt und zahnlos.

Großvater war letztes Jahr von uns gegangen, doch auch er hätte dem Wolf nichts mehr entgegenzusetzen gehabt. Die einzige Unterstützung, die wir noch hatten, war Meppino, ein altersschwacher Hütehund, der ebenfalls seine besten Tage hinter sich hatte. Manchmal glaubte ich, dass er den Wolf selbst dann nicht sehen würde, wenn er direkt vor ihm stände.

Ein letztes Mal blickte ich auf meine Hände, folgte dem Blut, das sich mit meinen Tränen vermischte und dann in das klare Wasser tropfte. Ich atmete aus und tauchte schließlich meine Hände in das eiskalte Wasser des Baches. Alles wurde hinfort gespült und fast augenblicklich versiegten meine Tränen. Hinter mir hörte ich die Tür unseres Hauses knarren und leise Schritte, die über den Kies auf mich zutraten. Sanft berührte mich eine Hand an der Schulter und ich drehte meinen Kopf.

»Mutter«, sagte ich. Mehr nicht. Mehr ging nicht.

»Komm ins Haus, Kind«, sagte sie freundlich. Ihre Hand griff mir unter den Arm und ich ließ mich bereitwillig auf die Füße ziehen.

»Aber ich muss zu Vater zurück«, flüsterte ich, »er ist da oben jetzt ganz allein!«

»Wenn ich es richtig verstehe«, erwiderte Mutter sanft, »dann hat der Wolf jetzt einen vollen Bauch, oder ist gerade dabei, ihn zu füllen. Dein Vater ist also nicht in Gefahr. Komm!« Ich ging neben ihr. Sie war mehr als einen Kopf kleiner als ich, zart und schmal, trug Alanso vor sich im Tuch und hielt den Rücken gerade, den Kopf aufrecht. In diesem Moment war sie es, die mehr Kraft und Stärke hatte als ich.

Wütend war ich nur auf mich selbst. Enttäuscht und zornig. Ich setzte mich an den hölzernen Tisch und trank von dem Wasser, das Mutter mir einschenkte. Es war kühl und frisch.

»Ich habe ihn nicht kommen sehen«, sagte ich schließlich. Mutter hatte die wunderbare Angewohnheit, so lange und geduldig zu schweigen, bis einem die Stille laut vorkam und man sie nur unterbrechen konnte, indem man selbst redete. Heilsam war das. Immer.

Ich drehte den Becher in meinen Händen. Wieder standen die Bilder vor meinen Augen.

»Ich hörte ein leises Knacken im Unterholz«, fuhr ich fort, »natürlich war ich wachsam und hob meinen Hirtenstab. Ich blickte in die Richtung aus der es gekommen war, sah aber nichts. Der Wald lag dunkel und still und auch die Schafe waren ruhig. Selbst Meppino neben mir lag zusammengerollt und schlief. Ich nahm das als gutes Zeichen, drehte mich vom Wald weg und wandte mich wieder der Herde zu. Weit den Hang hinauf sah ich Vater und winkte ihm zu. Ich trat einige Schritte auf die Lichtung hinaus und löste mich vom Saum des Waldes. Vater winkte zurück ...«

Ich schluckte schwer. Meine Kehle war trocken und brannte. Erneut trank ich von dem Wasser. Bianca hatte sich zu uns gesetzt und legte ihre kleine Hand auf meine. Ich blickte sie kurz an und sah in ihren haselnussbraunen Augen Mitgefühl und Verständnis. Sie war wie Mutter.

»Aber Vater winkte nicht«, begann ich erneut, »das hatte ich falsch gedeutet. Er hatte beide Arme in die Höhe gerissen, lief den Hang in einem mörderischen Tempo herunter auf mich zu und deutete nach links. Er rief etwas, unentwegt, aber ich konnte seine Worte nicht verstehen. Doch ich spürte plötzlich eine Gefahr, ich spürte, dass ich nicht allein war. Ich wandte meinen Kopf und sah, was Vater so erschreckte. Keine zehn Meter von mir entfernt stand der Wolf. Er war aus dem Unterholz herausgetreten, wie ein lautloser Schatten. Er hatte räudiges, graues Fell, war bis auf die Rippen abgemagert und Geifer tropfte von seinen Lefzen auf den Boden. Mutter, es war entsetzlich!«

Der Druck von Biancas Hand wurde fester, sie ermutigte mich, weiterzuerzählen.

»So ein großes Tier habe ich noch nie gesehen«, sagte ich leise, »er war wie ein Dämon, wie der Teufel selbst.« Mutter und Bianca bekreuzigten sich bei diesen Worten schnell.

»Ich stand da wie gelähmt«, fuhr ich leise fort, »meine ganzen, guten Vorsätze, die ich im Winter gefasst hatte, wie ich dem Wolf begegnen würde, wie ich ihn vertreiben oder erschlagen würde, all das war vergessen, weg, aus, finito! Ich sah, wie er seinen Kopf senkte, seine Lefzen hochzog und seine Zähne entblößte. Ein Grollen drang aus seiner Kehle und mit einem Mal geriet die Herde in Bewegung. Ich sah alles wie in Zeitlupe: Die Schafe hoben die Köpfe, hörten auf zu kauen, verharrten einen winzigen Augenblick. Dann zogen sich ihre Muskeln zusammen, ihre Hinterläufe senkten sich tief, um für den ersten Sprung Kraft zu sammeln. Und dann lief die Zeit plötzlich schnell. In alle Richtungen stoben sie auseinander. Hektisch. Ich sah Vater zwischen sie kommen, immer noch laut rufend. Meppino war erwacht und auf die Beine gesprungen. Und ich stand immer noch wie ein Idiot herum – stupido – und konnte gar nichts tun. Nichts, Mutter, gar nichts. Der Kopf des Wolfes fuhr herum, er visierte die Herde an und sprang ihr nach. Erst da erwachte ich aus meiner Starre. Ich drehte mich um und lief davon.«

Mutter und Bianca schwiegen weiterhin. Und selbst Alanso rührte sich nicht. Sie wussten, dass meine Geschichte noch nicht zu Ende erzählt war.

»Hinter mir hörte ich Vaters Rufe, ich hörte das wilde Bellen von Meppino, das sich fast überschlug, ich hörte die angstvollen, panischen Laute der Schafe. Ich wollte zurück, umkehren, helfen, den Wolf mit Vater zusammen erlegen und doch liefen meine Beine weiter und entfernten mich vom Geschehen. Ich lief durch die Bäume, zerkratzte mir Gesicht und Hände und nur aus den Augenwinkeln sah ich den Schatten des Wolfes springen, sah Renata, die mit ihrem schweren Bauch zu langsam war, unter ihm verschwinden und dann war plötzlich Stille. Die Herde kam zum Stehen, ich kam zum Stehen, der Wolf war verschwunden und mit ihm Renata. Vater war nicht zu sehen und auch Meppino nicht. Ich stand da, allein.«

Wieder schluckte ich schwer.

»Endlich gehorchten mir meine Beine wieder«, flüsterte ich, »sie trugen mich zitternd und unsicher zum Ort des Geschehens zurück. Ich sah das Blut auf dem Gras, sank auf den Boden und griff danach, riss es aus und häufte es auf, so als könne ich Renata dadurch zurückbringen. Dann kam Vater aus dem Wald, atemlos, verschwitzt, genauso zerkratzt wie ich, neben ihm der alte Meppino, humpelnd. Vater zog mich hoch, nahm mich in die Arme und rief: ›Gott sei Dank, du lebst, dir ist nichts passiert!‹ Und er sagte, dass ich mir keine Vorwürfe machen müsse, dass auch gestandene Männer so reagiert hätten. Und ich solle an den armen Stefano denken, der nicht den Hauch einer Chance gegen diesen Wolf gehabt hatte, trotz seiner Muskeln und seines Mutes.

Doch die mache ich mir, Mutter, ich war da, ich hätte handeln können, wir hätten den Wolf erlegen können, Vater und ich, zusammen...«

Meine Stimme erstarb. Es war ganz still im Raum. Dann stand Mutter auf, zog mich von meinem Schemel, nahm mich in die Arme und wiederholte die Worte, die Vater ausgesprochen hatte: »Gott sei Dank, du lebst, dir ist nichts passiert!« Und als Bianca dazukam und mich auch umarmte, setzte Mutter hinzu: »Geliebtes Kind!«

* * *

KAPITEL 2

SEPPOS GESCHICHTEN

Mein Geburtstag kam und ging, der Appetit auf Honigküchlein war und blieb vergangen, und in den nächsten Tagen lernte ich nur mühsam, auf das zu hören, was
mir meine Eltern und auch unsere Nachbarn immer wieder
versicherten: Dass ich froh sein könne, dass der Wolf nicht
mich angegriffen habe, dass ich unter einem besonderen Segen gestanden haben müsse, dass die Jungfrau Maria und
der Herr selbst seine Hand über mich gehalten haben müssen.

Irgendwann glaubte ich diesen Worten und es beruhigte mein Herz und meine Seele. Die Selbstvorwürfe hörten
auf und dennoch blieb ein fahler Nachgeschmack. Als aber
schließlich der Sonntag kam und die Glocke von San Marziale fröhlich läutete und im Gebälk zu tanzen schien, erwachte auch mein eigener Frohsinn wieder. Der Gang zur
Kirche tat mir gut. Die Nachbarn kamen aus allen Richtungen heran: aus dem Wald, über die Hügel von Gubbio, den
Pfad am Bach entlang. Der Anstieg zur Kirche war mühsam
und doch lohnte er sich jedes Mal, denn von hier oben, vom
Monte Ingino, konnte man die unzähligen, sanften Hügel

und Täler unserer Heimat überblicken und auch die alten Ruinen des römischen Theaters sehen, die sich mittlerweile fast ganz der Landschaft angepasst hatten. Stimmen schwirrten durcheinander, Lachen und Gesang. Hinter uns schlurfte der alte Seppo herbei. Langsam war er, auf einen Stock gestützt, doch seine Augen sprühten Leben in die Luft, wie glänzende Wassertropfen der Gischt. Funkeln lag in ihnen und Frohsinn.

»Antonio«, rief er, »komm, begleite einen alten Mann.«

Ich kam der Bitte gerne nach, denn Seppo hatte immer Neuigkeiten zu erzählen und wenn nichts Neues, so erzählte er von früheren Tagen, und das machte den Weg weniger lang und mühevoll.

Mein Vater gesellte sich zu Tozzo, der eben über die Hügel auf den Pfad getreten war, und meine Mutter ging mit Alanso im Tuch und Bianca an der Hand ein Stück voraus und gesellte sich zu Tozzos Frau Isabella.

Isabella war immer ein wenig leidend, wie ich fand, und ich war froh, dass ich nicht neben ihr gehen und zuhören musste, wie sie von ihren Hühneraugen sprach, die sie bei jedem Schritt drückten, oder von der Gicht in den Händen, oder vom Ziehen im Rücken, oder vom Zahn, der ihr letzte Woche herausgefallen war. Sie gefiel sich in dieser Rolle, denn alle sagten dann immer: »Ach, du Arme«, oder, »du meine Güte, hoffentlich geht es dir bald besser!«

Sie genoss diese Aufmerksamkeit, wobei sie nicht wirklich viel zu erleiden oder zu ertragen hatte, denn Tozzo galt als der reichste Mann hier in Gubbio. Er hatte Knechte und Mägde, die die harte Arbeit übernahmen. Was man Isabella aber lassen musste, war, dass sie die schönsten Muster in

Decken und Tücher stickte, wenn es ihre gichtgebeutelten Finger zuließen. Darüber hinaus war sie nicht knauserig, sondern gefiel sich auch in der Rolle der Wohltäterin. So hatte sie im letzten Monat, als Alanso zur Welt kam, Mutter dieses wunderschöne Tuch überreicht, mit den Worten: »Gesegnet sei dein drittes Kind. Wenn du magst, nimm diese bescheidene Gabe an und wickle Alanso fest hinein, auf dass er nicht verloren gehe!«

Diese bescheidene Gabe, wie sie es nannte, würde auf dem Wochenmarkt von Perugia einen ansehnlichen Preis erzielen und uns für zwei ganze Monate ernähren können. Mutter wollte das Tuch nicht annehmen, es erschien ihr zu kostbar. Aber auch das war ein großes Plus an Isabella, sie duldete kein Nein und war so kindlich echt erfreut, wenn andere sich freuten, dass Mutter das Tuch schließlich gerne nahm.

»Oh, und dieser gemeine Schmerz im Knie«, wehte gerade ihre Stimme herbei, »das macht mich ganz verrückt!«

Bianca warf mir einen kurzen Blick zu, verdrehte die Augen und grinste, dann hörte sie aber wohlerzogen zu und nickte wie Mutter bei den weiteren Ausführungen über das Zwicken und Zwacken des Schmerzes zwischendurch mitfühlend mit dem Kopf.

»Wenn ich so viele Worte über meine Schmerzen und Zipperlein machen würde wie Isabella«, murmelte Seppo neben mir, »dann würde ich vor lauter Reden gar nicht mehr zum Atmen kommen und auf der Stelle tot umkippen.« Er lachte leicht und hustete dabei.

Auch ich musste grinsen. Seppo hatte die Gabe, die Dinge auf den Punkt zu bringen. Ich griff unter seinen freien Arm und stützte ihn.

»Ja, Junge, so geht es besser«, sagte er schlicht, »jetzt sparen wir unsere Kräfte und auf dem Rückweg machen wir dann einen Wettlauf den Hügel hinunter!«

Wieder lachte er. »Wenn ich richtig informiert bin, erhalten wir heute Besuch. Ein Bruder ist mit der Schneeschmelze den Pass von Scheggia herabgekommen und bringt Neuigkeiten aus Ostumbrien mit.«

Das war eine willkommene Abwechslung. Jeder hier erfuhr gerne Neuigkeiten, besonders von jenseits der Berge, wohin nur selten jemand aus Gubbio wanderte.

Wir gingen ein paar Schritte, dann hielten wir kurz an, gingen wieder ein paar Schritte und hielten wieder an. Wir erreichten die Kirche als Letzte, aber auch das war für Seppo kein Grund, trübsinnig zu werden.

»Du weißt doch«, sagte er, »die Letzten werden die Ersten sein.« Und mit einem Augenzwinkern setzte er sich in die erste Reihe, auf den Stuhl direkt vor der Kanzel, der immer für ihn freigehalten wurde, weil seine Augen und seine Ohren nicht mehr alles wahrnahmen.

Ich ging mit einer seltsamen Unruhe zurück in eine der hinteren Bänke und gesellte mich zu meiner Familie. Wir hatten schon öfter Besuch bekommen, von Händlern, von Brüdern aus dem Kloster, von Wanderern, die ihren Lebensunterhalt verdienten, indem sie hier und dort aushalfen. Aber irgendwie erschien es mir heute anders. Ein Kribbeln setzte sich in meinen Bauch und blieb.

»Und dieses Drücken im Bauch«, hörte ich Isabella vor uns sagen, »das ist immer an den Sonntagen am schlimmsten …«

»Na, weil du da das fette Fleisch der Hammel herunterschlingst«, flüsterte Bianca und ich musste lachen. Mutter warf uns einen strengen Blick zu, aber auch ihre Augen funkelten. Das erste Lied begann und unterbrach Isabellas Klage.

Danach lauschten wir den Worten des frommen Paters Vincenzo, der von den Taten unseres Schutzpatrons, des Heiligen Ubaldo, erzählte, und am Ende der Predigt war es mir, als stünde nur mir der Himmel offen und der Vater im Himmel habe ein ganz besonderes Interesse an mir. ›Lasst alle Kinder zu mir kommen‹, hieß es und ›gesegnet seien alle, die mein Wort halten und danach tun.‹

Ich lächelte meiner Mutter und meiner Schwester zu und dachte bei mir, dass ich mit so einer Familie tatsächlich gesegnet war. Mein Vater war ein guter Mann, streng zwar, aber immer gerecht. Meine Mutter war die Sanftmut in Person, liebevoll und umsichtig, und meine Schwester folgte ihr in allem nach. Und was Alanso betraf, nun, das mochten die Jahre erst zeigen.

Bevor der Segen gesprochen und die Gemeinde entlassen wurde, betrat ein fremder Mann die schlichte Kanzel der kleinen Kirche. Das musste der Besucher sein, von dem Seppo gesprochen hatte. Das Kribbeln in meinem Bauch wurde stärker und unwillkürlich legte ich meine Hand darauf. Unser Pater stellte ihn als Frater Angelo vor und bat darum, ihn als gläubigen Bruder willkommen zu heißen, mit anderen Worten, sich an ihm, solange er in unserem Ort verweilte, in der Nächstenliebe zu üben. Das wiederum bedeutete, dass man ihm Almosen geben oder gar Unterkunft gewähren sollte.

Ich betrachtete Frater Angelo neugierig. So einen Frater

hatte ich noch nie gesehen. Die meisten Besucher, die aus den fernen Klöstern oder gar aus Rom selbst kamen, waren prachtvoll gekleidet, hatten goldene Ringe an den Fingern und einen fetten Wanst. Manche Brüder, die vom Kloster in Valfabbrica kamen, ritten sogar auf Pferden, zumindest aber auf einem Esel, trugen die Nasen etwas höher als andere Menschen und waren in Umgang und Manier bestens geübt. Doch Frater Angelo trug lediglich eine einfache Kutte aus brauner Wolle, die in der Taille durch eine schlichte Kordel zusammengehalten wurde. Seine nackten Füße steckten in Sandalen. Bei diesem Anblick fröstelte es mich. Der Frühling war zwar da, aber es war immer noch empfindlich kalt. Und wenn ich mir vorstellte, dass Bruder Angelo über den Pass des Gebirges herabgekommen war, wo es eindeutig kälter sein musste als bei uns, stellten sich mir die Nackenhaare auf.

Ich sah an mir herunter und dachte: ›Da sind selbst unsere Kleider noch wertvoller und schützen besser vor Kälte.‹

Bruder Angelo war klein und hager und sein Gesicht wirkte müde. Doch seine Augen leuchteten wie die Sonne selbst. Güte und Weisheit lagen in ihnen und schienen eine Welt gesehen zu haben, die jenseits unserer Vorstellungen lag. Vom ersten Augenblick an war ich von ihm fasziniert. Mein Magen überschlug sich fast und ich schluckte. Die Unruhe in mir wuchs. Ich wurde nervös und zappelig, wie in den frühen Jahren, wenn mein Geburtstag oder Weihnachten nahten. Ich beugte mich nach rechts zu meinem Vater und stieß ihn vorsichtig mit dem Ellenbogen an.

»Bitte, Vater«, flüsterte ich voll Respekt, »können wir Frater Angelo in unser Haus einladen, nur für eine Nacht?

Ich weiß, dass wir zu den Ärmsten hier am Ort zählen, und mir kommt es nicht zu, nach allem, was ich getan habe, eine Einladung auszusprechen oder dich um etwas zu bitten … wir haben so viel verloren, durch meine Schuld … doch Vater …« Ich brach ab, ich wusste nicht weiter.

Mein Vater sah mich an und lächelte. »Genug zum Teilen haben wir noch immer«, sagte er schlicht, »und wenn es nur das Dach ist, unter dem wir schlafen. Es kommt nicht darauf an, dass man von vielen Sachen, die man hat, einiges abgibt, sondern einem unserer Brüder beizustehen, von Herzen. Weißt du noch, was Pater Vincenzo letzten Sonntag predigte? Was Jesus zu den Menschen sagte? … ›Das, was ihr getan habt, einem meiner geringsten Brüder‹ … «

»… das habt ihr mir getan«, vervollständigte ich den Satz. Vater lächelte leicht und nickte.

Am Ende des Segens stand er auf, ging zu Pater Vincenzo und Frater Angelo und wechselte einige Worte mit ihnen. Ich sah Pater Vincenzo erleichtert aufatmen – wahrscheinlich hätte er den fremden Bruder sonst selbst bewirten und seinen kostbaren Wein mit ihm teilen müssen, dachte ich im Stillen, schalt mich aber gleich der unziemlichen Gedanken – und sah Frater Angelo dankbar lächeln. Er verbeugte sich leicht und nickte. Mein Vater kam auf uns zu und wir verließen gemeinsam die kleine Kirche.

»Er wird heute Abend unser Gast sein«, sagte er und gesellte sich dann zu unseren Nachbarn, die, wie immer nach dem Gottesdienst, draußen in kleinen Gruppen zusammenstanden und Neuigkeiten austauschten. Nur der alte Seppo saß auf der hölzernen Bank vor San Marziale und ließ sein Gesicht durch die Frühlingssonne wärmen. Er hatte die Hände auf seinen Stock gestützt, der vor ihm auf dem Boden stand. Er winkte mich zu sich.

Ich wusste nicht genau wieso, aber mein Herz schlug wild und voller Aufregung und auch mein Magen hatte sich noch nicht wieder beruhigt. Nur mit Mühe konnte ich mich zurückhalten, war ich doch mehr als begierig darauf, endlich Neues zu erfahren. Doch respektvoll wartete ich, bis Seppo das Gespräch eröffnete. Es war nicht üblich und darüber hinaus ganz und gar unhöflich, wenn der Jüngere begann.

»So ist das also«, sagte Seppo nach einer schier endlosen Zeit, »der Frater hält bei euch Einzug? Dein Vater ist ein guter Mann!«

»Weißt du etwas über ihn?«, fragte ich und versuchte nicht allzu neugierig zu klingen.

Seppo lächelte.

»Man erzählt sich, dass Frater Angelo aus San Marino, der Hafenstadt an der Ostküste Italiens, stammt. Dass er weit herumgekommen ist, dass er nicht nur ganz Umbrien bereist hat und mehrmals in der Hauptstadt Perugia war, sondern über die Grenzen hinaus an alle Küsten gewandert ist. Auch soll er zusammen mit einem anderen Bruder seines Ordens den Papst in Rom aufgesucht haben.« Er machte eine Pause, während ich zu verarbeiten versuchte, was ich da gehört hatte.

»Den Papst besucht?«, entfuhr es mir. »Aber er sieht aus wie ein Bettler!«

Seppo sagte nichts, er pulte an seinen Fingernägeln und stocherte mit seinem Stock im Boden herum.

»Du weißt, dass man nicht vom Äußeren auf den Charakter schließen soll, lieber Antonio«, erwiderte er schlicht.

Mir schoss die Röte ins Gesicht. Ich war jetzt vierzehn und galt als Mann, aber immer noch hatte ich das Gefühl, wie ein Kind behandelt zu werden.

»Was weißt du noch?«, fragte ich und versuchte den versteckten Tadel zu überhören.

»Ach«, sagte Seppo, »man erzählt sich so dies und das, aber ob man alles glauben muss …«

»Was erzählt man sich«, erwiderte ich ungeduldig, »bitte, alter guter Seppo, lass dir doch nicht alles aus der Nase ziehen!«

Wieder lächelte Seppo. »Die Jugend ist im Wesentlichen durch eins gekennzeichnet«, lachte er und hustete dabei, »durch Ungeduld!«

»Ja, ja«, gab ich ihm recht, »aber kannst du jetzt bitte mehr verraten?«

Seppo blinzelte in die Sonne und atmete wohlig aus.

»Ist die Frühlingssonne nicht herrlich?«, fragte er.

»Ja, Seppo, ja«, erwiderte ich, »auch damit gebe ich dir recht. Aber sei so gut und erzähle ein bisschen mehr! Und bitte nicht vom Wetter!«

Seppo klopfte mir mit seiner alten, runzeligen Hand auf das Knie.

»Nun gut, Junge«, sagte er, »solange mir meine Zunge noch gehorcht.« Dann setzte er sich bequemer hin und erzählte.

»Ruberto da Toska, ein Cousin meiner lieben verstorbenen Frau Maria, war vor einigen Monaten bei uns, bevor der Frost einsetzte. Sein Sohn ist, wie du vielleicht weißt, Gewürzhändler in Assisi. Aber das allein ist nicht erwähnenswert, sondern das, was er erzählte. Dort gibt es viele dieser

Brüder, die bettelnd durch das Land ziehen. Und unser Frater Angelo hier, hat sicherlich einige gute Dinge vollbracht und ist durch die Welt gereist, um den Menschen von Gott zu erzählen. Wichtiger aber ist, warum er das macht, wem er folgt, wer der Erste war, der das machte, sich in eine Kutte hüllte und wie ein Bettler durch die Lande wanderte und was dieser Mensch damit bewirkte.«

Seppo machte eine Pause, um Luft zu holen. Doch nur kurz, er erzählte weiter und spannte mich nicht mehr auf die Folter. Ich glaube, dass er Gefallen daran fand, dass jemand mit den langsamsten Beinen dennoch derjenige sein konnte, der am schnellsten etwas wusste.

»Man erzählt sich schon seit einigen Jahren eine Geschichte über einen Mann, der als Sohn des reichsten Tuchhändlers in Assisi geboren und aufgewachsen ist. Franziskus von Assisi heißt er, oder Bruder Franz, wie alle von ihm erzählen. Er war reich, hat dann aber so mir nichts dir nichts alles verschenkt, nur um in völliger Armut durch die Lande zu ziehen und den Menschen zu predigen. Wie Jesus will er sein, wie Jesus will er leben und nichts anderes. Auch beim Kreuzzug ins Heilige Land soll dieser Bruder Franz dabei gewesen sein, als Missionar.«

Ich hing an Seppos welken Lippen.

»Völliger Blödsinn, wenn du mich fragst«, setzte Seppo hinzu, als er merkte, dass ich noch mehr erwartete. »Welcher Idiot verschenkt denn bitte alles, was er hat, dazu noch seinen guten Ruf und seine Gesundheit, nur, um wie Jesus in Sandalen und Gewand durch die Weltgeschichte zu stapfen? Mythen sind das, erfundene Geschichten, um die Menschen an kalten Tagen am Kamin zu unterhalten.«

Seppo stützte sich mit beiden Händen auf seinen Stock und erhob sich mühsam. Arme und Stock zitterten im Gleichtakt. Ich sprang auf die Füße an seine Seite und half ihm.

Als er schließlich sicher stand, versuchte ich wie ein Erwachsener auf Seppos Worte zu reagieren, winkte mit der Hand ab und sagte weltmännisch: »Du hast sicherlich auch damit recht, Seppo, alles Unfug!«

Insgeheim bäumte sich aber etwas in mir dagegen auf. Waren nicht schon vor einigen Jahren diese Gerüchte immer wieder den großen Fluss Chiascio heraufgeschwommen? Und hatte man sich nicht auch von einer adeligen Frau erzählt, die sich in Lumpen kleiden und ihre Haare abschneiden ließ? Die in der Nachfolge Jesu so arm leben wollte wie er und einen eigenen Orden gründete? So gesehen schien es tatsächlich Unfug, Irrsinn, nicht glaubwürdig. Es war aber das Kind in mir, das diesen Geschichten glaubte und unbedingt mehr davon hören wollte. Kaum noch konnte ich den Abend erwarten.

***

KAPITEL 3

VON FLÜSSEN UND SEEN

Als die Sonne allmählich hinter den Hügeln versank und ein graues Licht die Häuser von Gubbio einhüllte, lief ich eilig den Pfad am Wald entlang auf unseren Hof zu. Ich hatte bei Tozzo, dessen Gut am Rande von Gubbio lag, noch etwas frische Butter und Käse geholt, damit wir unserem Gast an diesem Abend etwas mehr anbieten konnten als Brot und Wasser. Und Isabella, die gute Seele, hatte noch einen frischen Kuchen gebacken und oben draufgelegt. Sie hatte nicht gespart an Butter, Zucker, Mandelcreme und gerösteten Pinienkernen. Der herrliche, würzige Duft begleitete mich den ganzen Weg nach Hause. Die Schatten der Bäume fielen weit über den Bach und wickelten sich um die letzten Ausläufer des Gebirges.

Irgendwo da draußen war der Wolf. Er versteckte sich, lauerte dort, wartete geduldig auf eine neue Chance, ein Schaf zu reißen oder einen Menschen. Bei diesem Gedanken lief mir ein eiskalter Schauer über den Rücken, genauso kalt, wie das eiskalte Wasser, das aus den Höhen herabsprudelte und über große, graue Steine tanzte.

Stefano, der Knecht Tozzos, hatte sein Leben gegeben.

Er hatte sich dem Wolf entgegengestellt und verloren. Stefano war stark gewesen, groß und dennoch hatte er verloren. Auch dieser Umstand half mir, mit meiner eigenen Niederlage besser umzugehen. Wie hätte ich eine Chance haben sollen, wenn nicht einmal ein starker Mann wie Stefano eine gehabt hatte?

Ich betrachtete das Wasser, das munter aus den Bergen herabgesprudelt kam. Tagsüber glänzten am Grunde des Baches tausende kleine Kiesel und glitzerten wie Diamanten. Im diffusen Licht der Dämmerung jedoch wirkten sie fahl und langweilig, eintönig und trist. Mit meinem Beutel in der Hand kürzte ich den Pfad nach Hause ab. Anstatt über die Holzbrücke zu gehen, die den Bach fast fünfhundert Meter weiter nördlich überquerte, glitt ich vorsichtig die kleine Böschung hinunter und sprang dann von Stein zu Stein auf die andere Seite.

Nur an einer einzigen Stelle des Baches war das möglich, denn nur dort lagen die Steine wie sortiert und bildeten einen natürlichen Übergang. Mutter mochte es nicht, wenn ich das tat, besonders nicht im Frühjahr, wenn das Wasser rauschend und reißend war und über die Felsen sprudelte.

Das Wasser war lange nicht so reißend, wie das des Chiascio und nicht so unergründlich wie das des Tiber. Seit ich das erste Mal meine Füße auf die Planken eines Bootes gesetzt, das leichte Schaukeln der Wellen unter dem Bug gespürt und die sehnsuchtsvollen Rufe der Möwen über mir vernommen hatte, wollte ich mehr davon sehen. Vor allem wollte ich später über die Grenzen Umbriens hinauswandern und das Meer bereisen, denn Umbrien lag mitten in Italien und verfügte leider nicht über einen eigenen Küstenzugang.

Vater hatte mich – als ich vier Jahre alt geworden und Bianca gerade geboren worden war – das erste Mal mit nach Perugia auf den Markt genommen.

»Wir wollen Mutter entlasten«, hatte er gesagt, »sie kann sich nicht um dich und Bianca kümmern, während ich fort bin. Außerdem, mein Sohn, bist du auch alt genug, Verantwortung zu tragen und mir zu helfen.«

Ich war stolz, dass Vater mich für fähig hielt und zusammen mit einigen Schafen, mit Wolle und Decken, mit warmen Mützen und Tüchern hatten wir uns auf den Weg gemacht. Zwei Tage brauchten wir bis Valfabbrica. Vater allein hätte es sicher schneller geschafft, aber er hatte einen neugierigen Sohn an seiner Seite, der alles wissen wollte, der immer wieder stehenblieb und staunte; der überrascht und entzückt war, als er das Ufer des Sees in Valfabbrica erreichte. Die Schafe und die Waren hatte ich schon lange nicht mehr im Blick, doch Vater war nicht zornig oder enttäuscht gewesen. Er hatte nur gelächelt und mir alles mit einer großen Geduld erklärt.

Am See hatten wir nach der Anlegestelle des Bootes von Ruberto da Toska gesucht. Seppo hatte uns versichert, dass der Cousin seiner Frau uns und unsere Schafe und Waren gerne ein Stück auf dem Chiascio mitnehmen würde. Er war Händler aus der Toskana und kam zuweilen den Chiascio von Assisi herauf, wo er seinen Sohn, den Gewürzhändler, besuchte.

Wir fuhren mit seinem Boot bis Bastia Umbra. Das war ein Ereignis für sich und ich schwor mir in diesen Stunden, dass ich zumindest einmal in meinem Leben das Meer sehen wollte, vielleicht sogar, um Matrose zu werden, dass ich

Abenteuer und Heldentaten erleben würde und eine Prinzessin retten und heiraten würde.

Ich durfte neben Ruberto am Kolderstock* stehen und das Boot durch die Strömung navigieren, ich durfte ein Stück weit den Mast hinaufklettern und helfen, das einzige Segel zu hissen, und ich durfte sogar bei den Männern sitzen und rudern, wenn der Wind oder die Strömung nicht genug Stärke hatten, um das Boot voranzubringen. Nördlich von Bastia Umbra gingen wir schließlich von Bord, bedankten uns sehr und wanderten dann weiter nach Westen bis Perugia. Wehmütig blickte ich mich immer wieder nach dem Segel des Bootes um, bis es hinter einer weiteren Biegung des Flusses aus meiner Sicht verschwunden war. Doch die Enttäuschung, nicht länger mitsegeln zu können, hatte nicht lange angehalten, denn nur nach wenigen Stunden hatten wir Perugia erreicht. Ich glaube, ich hatte mich minutenlang nicht von der Stelle gerührt und hatte mit offenem Mund und großen Augen dagestanden und gestaunt.

Die Stadt war ein Erlebnis. Ich hatte bisher noch nie so viele Menschen auf einem Haufen gesehen. Vater hatte ein Seil aus seiner Tasche gezogen und es sich und mir um den Bauch gebunden.

»Damit ich nicht verloren gehe und du mich wiederfinden musst«, hatte er gesagt und mir zugezwinkert. Alsbald waren wir eingetaucht in das Getümmel aus Schafen, Ziegen, Menschen, Eseln, Pferden, Karren. Ich glaube, dass wir für das kurze Stück auf der breiten Hauptstraße bis hin zu

---

* Der *Kolderstock* saß senkrecht auf der Ruderpinne an Booten, diente lange Zeit zum Steuern und wurde später durch das Steuerrad abgelöst.

unserem Platz auf dem Markt länger gebraucht hatten, als für den gesamten ersten Teil des Weges hier her.

Es ist im Nachhinein schwer zu beschreiben, was ich dachte und fühlte, als ich vier Jahre alt war und mich schon für erwachsen hielt. Ich lachte und schaute, starrte und lachte, lachte und fragte, betrachtete und zeigte.

Alles ging durcheinander. Ich beobachtete die Männer, die über den Verkauf ihrer Tiere verhandelten, ich sah die Frauen, die hinter Tischen standen und Obst, Gemüse, Stoffe und Gewürze anboten. Und ich bewunderte die Jungen, die wilde Pferde vorritten und sie einem kaufwilligen Publikum präsentierten. Ich glaube, in der ersten Nacht in Perugia kämpfte ich im Traum mit einem Seeungeheuer und durchsteifte dann ein riesiges, nicht endendes Labyrinth aus Straßen und Häusern. Ich folgte einer Stimme, die meinen Namen rief, doch ich erwachte, bevor ich den Rufer erreicht hatte.

In den folgenden Jahren begleitete ich Vater immer wieder nach Perugia, doch nichts faszinierte mich so sehr wie die Boote im Hafen von Valfabbrica und die Fahrten auf dem Fluss. Immer wieder erneuerte ich den Schwur, eines Tages an die Küste zu wandern, das Meer zu erblicken und es mit kühnen Taten zu bereisen.

In meinem dreizehnten Lebensjahr eröffnete mir Vater, dass wir ein neues Geschwisterchen bekommen würden und dass es mal wieder an der Zeit sei, in die Toskana zu reisen, um unserer Tante davon zu berichten. Die Schwester meiner Mutter hatte einen reichen Weinbauern aus Sinalunga geheiratet. Nur zweimal in den ganzen Jahren war sie mit ihrem Mann zu uns nach Gubbio gereist. Sie selbst war kinderlos und konnte mit Bianca und mir nicht viel anfangen. Ich glaube, dass Vater deshalb den Vorschlag machte, zu ihr zu reisen und ihr die Nachricht vom dritten Geschwisterchen persönlich zu überbringen. Ich galt mit meinen dreizehn Jahren fast als erwachsen, sodass sich Signora und Signore Benedetti in meiner Gegenwart nicht unwohl fühlen würden. Zia* Sofia war das komplette Gegenteil meiner Mutter. Sie war – nun ja – behäbig. Sie musste ihr Leben nicht mit harter, mühevoller Arbeit in den Hügeln von Umbrien verbringen, sondern lebte im milden Klima der Toskana und ließ sich den selbstangebauten Wein ihres Mannes nur allzu gut schmecken. Aber sie war, wie Mutter auch, ein guter Mensch, lauter zwar und herrischer, aber dennoch gut. Und Filippo Benedetti, ihr Mann und mein Onkel, war ein Original. Sein Bauch hing mindestens einen Meter über seinem Gürtel, seine Wangen waren immer gerötet und seine Stimme schallte durch die Gegend wie ein Signalhorn. Er lachte gern und ausdauernd, bis er einen Schluckauf bekam, der dann natürlich mit gutem Wein niedergetrunken werden musste.

Wenn er meinem Vater dann übermütig und freundschaftlich auf die Schulter schlug, dachte ich jedes Mal, dass er ihn in den Boden pfählte, obwohl mein Vater sicherlich stärker war.

Im vorigen Jahr also reisten mein Vater und ich weiter, über Perugia hinaus und folgten der breiten Handelsstraße bis nach San Savino. Ich weiß es noch wie gestern. In der

---

* *Zia* ist der italienische Ausdruck für Tante.

Abenddämmerung kamen wir über das geschwungene Bergland hinab in den Ort. Wir hatten einen Wald durchwandert und Nebel senkte sich durch die Äste der Bäume wie ein Schleier. Über mir schrie eine Möwe und der Geruch von Fisch lag in der Luft. Dann verließen wir den Wald und mein Blick folgte den langsam wandernden Nebelschwaden über eine glatte, dunkelgraue Wasserfläche.

»Das Meer«, rief ich aus. Doch noch im selben Augenblick meines Ausrufes wusste ich, dass das nicht stimmen konnte. Das Meer lag noch weiter westlich, in so kurzer Zeit hätten wir es niemals erreichen können.

»Nein, mein Sohn«, hatte Vater erklärt, »das ist der *Lago Trasimeno*, nur ein großer See! Du wirst das erkennen, wenn sich der Nebel hebt und der neue Morgen anbricht.«

Wir verbrachten die Nacht oberhalb des Sees und ich lauschte dem leisen Schwappen des Wassers, das rhythmisch gegen das Ufer schlug. Es schien mit meinem Herzen im Gleichklang zu schlagen. Und wieder einmal musste ich feststellen, dass ich den Geruch und das Geräusch von Wasser liebte. Die scheinbar unendliche Weite des Wassers war für mich neu und wunderbar – Freiheit soweit das Auge reichte! Vater hatte recht behalten. Als die Sonne am nächsten Morgen hinter unserem Rücken über die Berge kletterte und den Nebel nach und nach vertrieb, konnte man das andere Ufer des Sees in der Ferne erkennen. Nichtsdestotrotz war ich berauscht und ein unerklärliches Fernweh ergriff mein Herz.

»Ich weiß doch, wie gern du auf Schiffen fährst«, sagte mein Vater, »deshalb umrunden wir den See nicht, sondern gönnen uns eine Überfahrt.«

Vater bezahlte mit einem wunderschönen Deckchen, das

Mutter bestickt hatte und wir bestiegen um die Mittagszeit ein kleines Schiff, das Waren, Passagiere und Vieh ans andere Ufer brachte. Ich kam mir vor wie ein Seefahrer, ein verwegener Kapitän, zumindest wie ein Abenteurer. Das waren die schönsten Stunden meines Lebens, begleitet vom Wind und den Rufen der Möwen, die über uns hersegelten.

Wir landeten im Hafen von Castiglione und setzten unseren Weg nach Sinalunga fort. Soweit das Auge reichte erstreckten sich rotglühende Mohnfelder, blaue Lavendelreihen, so gerade, wie mit einem Lineal gezogen oder goldene Kornfelder, die immer wieder von Pappeln und Zypressen durchbrochen wurden, die wie Säulen aus dem Boden ragten. Die schwere Würze von Olivenhainen und Weinbergen flimmerte in der Luft. Das ganze Land war irgendwie sonnendurchflutet, während die Wälder an den Hängen des Apennin Gebirges rund um meine Heimat Gubbio eher dem Schatten anhingen. Ein Schatten, in dem sich ein gieriger Wolf verbarg.

Ich fand in die Gegenwart zurück und erschauderte. Kurz atmete ich auf und blickte erneut auf das sprudelnde Wasser des Baches, den ich gerade überquert hatte. An normalen Tagen respektierte ich Mutters Wunsch, den Bach auf der dafür vorgesehenen Brücke zu überqueren. Doch heute konnte ich es nicht erwarten, endlich zu Hause zu sein. Ich erklomm mit feuchten Schuhen die Böschung. Hinter der Holzbrücke schlug der Bach einen Bogen und floss direkt an unserem Hof vorbei. Ich lief nun auf geradem Wege über feuchte Wiesen und zwischen den dunklen schweigenden Pinien hindurch, bis ich wieder auf den Bach stieß. Dann schwenkte ich nach links und erreichte atemlos unsere Hütte. Mutter stand vor der Tür und schüttelte eine Decke aus. Ihre Augen glitten an meinen Beinen hinab und blieben an meinen nassen Schuhen hängen.

»Nun, ich sehe, mein Sohn«, sagte sie, »dass selbst die Holzbrücke vom Bache überflutet zu sein scheint. Wie schön, dass du zwar nassen, aber dennoch heilen Fußes zu uns zurückgekehrt bist.« Sie hatte ernst gesprochen, doch lag kein Vorwurf in ihrer Stimme. Auch meinte ich, ein leises Lächeln durch ihre Augen huschen zu sehen.

Verlegen kratzte ich mich am Kopf und schob meine Mütze vor. Ich grinste, streifte meine Schuhe ab und trat an ihr vorbei in die Hütte. Bianca saß am Feuer des Kamins und hielt Alanso in den Armen. Sie sang leise einen Segen vor sich hin und wiegte meinen Bruder in den Schlaf.

»Laudato si, Signore, laudato si, Signore … gelobt sei der Herr«, wisperte ihre weiche Stimme und lullte Alanso ein. Sein Däumchen fand den Weg in seinen Mund und seine Augen fielen zu. Bianca wiederholte Wort um Wort in den gleichen Tönen, bis Alanso gänzlich eingeschlafen war. Dann stand sie vorsichtig auf, trug ihn zu seiner Wiege und legte ihn sanft auf das Schafsfell.

Ich lächelte ihr zu. Bianca war in diesem Haus die Einzige, die es so schnell schaffte, Alanso zum Einschlafen zu bewegen.

»Das sind sehr schöne Worte, die du da gesungen hast«, sagte ich, »fast wäre auch ich mit eingeschlafen! Woher hast du sie?«

»Ich weiß nicht genau«, antwortete meine Schwester, »ich habe sie irgendwo gehört, aber sie gehen mir einfach nicht mehr aus dem Kopf.« Sie wandte sich zu mir um.

»Du kannst deinen Beutel dort auf den Schrank legen«, sagte sie, »ich komme gleich und decke alles auf.« Sie beugte sich noch einmal zu Alanso in die Wiege hinunter und bedeckte ihn sachte mit seiner Decke. Der Schein des Feuers verlieh ihrem Gesicht einen goldenen Glanz und ihr sanftes Lächeln zeugte von Güte und Liebe.

»Wo ist Vater?«, fragte ich und legte den Beutel mit der Butter, dem Käse und dem Kuchen auf den Schrank, wie sie mir geheißen hatte.

»Draußen am Pferch«, erwiderte Mutter, die jetzt hinter mir in die Hütte trat und die Decke über den Tisch breitete. »Er hat die Schafe noch einmal gefüttert und wollte noch etwas Holz für den Kamin hereinbringen.«

Bei diesen Worten hörten wir ihn schon vor der Haustür. Seine schweren Schritte, dann ein Rumpeln und die Tür ging auf. Vater schob den Korb mit dem Feuerholz über die Schwelle, blieb aber draußen stehen und zog auch die Stiefel noch nicht aus.

»Antonio«, sagte er, »nimm mir das Holz ab und staple es dort auf! Ich werde mich auf den Weg zur Brücke machen und unserem Gast entgegengehen. Es dämmert, und wir alle wissen, dass es zurzeit nicht ratsam ist, zu tief in das Dunkel der Schatten zu fallen.«

Wieder kribbelte es in meinem Nacken und ich schüttelte mich leicht. In meinen Träumen sah ich den Wolf manchmal vor mir stehen, seine Augen voller Gier und Mordlust, seinen Geifer, der wie Säure auf den Boden tropfte und schwarze Löcher in die Erde brannte. Er war so groß wie ein Bär, übermächtig und grausam. Und immer, bevor ich schweißgebadet aufwachte, drang aus seiner Kehle ein

Knurren, das einem Lachen glich, begleitet von einer rauen und spottenden Stimme: »Und du wolltest mich erlegen, Kind? Tatsächlich?«

Ich erzählte keinem davon, denn mein Stolz verbot es mir, auch noch diese Schwäche einzugestehen. Schnell schüttelte ich die Gedanken von mir ab wie ein Hund die Wassertropfen und griff nach dem Korb mit dem Feuerholz. Ich kniete mich neben den Kamin und stapelte die Scheite senkrecht in die dafür vorgesehene Nische. Das letzte Scheit legte ich direkt in den Kamin und rückte es in der Glut zurecht. Sofort leckten die kleinen Flammen hungrig an ihm und gewannen schnell an Größe. Das Feuer loderte erneut auf und wärmte mir Hände und Gesicht. Auch wenn es draußen bereits wärmer wurde und das Frühjahr den Schnee auf die Kuppen der Berge verbannte, liebte ich die wohlige Wärme des Kamins, das Knistern, den Geruch nach Rauch und Asche.

»Träumst du?«, fragte Bianca und unterbrach ihre Arbeit. »Ich hoffe nicht wieder vom Wolf.«

Ich ruckte meinen Kopf zu ihr herum.

»Du weißt davon?«, fragte ich bestürzt.

Sie nickte leicht, trat zu mir und legte mir ihre Hand auf die Schulter. Sie war so klein, so zart und doch fühlte ich mich von ihr getröstet und ermutigt, als sie zu mir sprach.

»Du findest manchmal im Schlaf keine Ruhe«, erwiderte sie, »du bist getrieben und erschrocken und manchmal sprichst du Worte …« Sie hielt kurz inne. Bianca wählte ihre Worte mit Bedacht und ich schätzte es sehr an ihr, dass sie nicht spottete.

»Weißt du, Antonio«, fuhr sie leise fort, »der Wolf selbst

ist kein Dämon. Nur der Hunger ist ein Dämon für ihn. Er folgt lediglich seinem Instinkt, wägt Gefahren genauso ab wie wir Menschen und sucht sich dann den für ihn leichtesten Weg.«

Ihre Augen ruhten auf meinem Gesicht, hielten meinen Blick fest. »Er erscheint dir übermächtig, weil er so viel Erfolg mit seiner Strategie hat, das allein macht ihn aber noch nicht zu einem übernatürlichen Wesen, auch wenn das für uns manchmal die beste Erklärung zu sein scheint. Er ist schlau, ja, aber er ist nur ein hungriger Wolf, der sich entgegen Gottes Schöpfung mehr nimmt, als ihm zusteht. Das macht ihn gierig und das macht ihn taub für Gottes Gebote. Vielleicht muss man ihm das nur sagen.«

Sie lächelte bei diesen Worten, denn sie erschienen ihr in dem Moment, als sie sie aussprach, doch mehr als unsinnig. Wie recht sie aber behalten sollte, dass zeigte sich erst viele Wochen später.

Sie drückte mir noch einmal die Schulter und widmete sich dann wieder ihrer Arbeit.

»Oh«, sagte sie, »als sie den Kuchen von Isabella entdeckte, »wie hat sie es nur geschafft, einen Kuchen zu backen, wo doch ihre Finger vor Gicht gekrümmt sind und ihr Rücken sie beim langen Stehen schmerzt?« Bianca lachte ihr glockenhelles Lachen, während sie den Kuchen vorsichtig aus dem Tuch wickelte. Sie hielt ihre Nase daran und sog den köstlichen Duft tief in sich hinein.

»Gicht hin, Gicht her«, fügte sie hinzu, »Isabella darf so viel von ihren Fingern erzählen und sich Mitleid einholen, wie sie will, wenn sie immer noch solche Kuchen backt.« Sie lächelte mich an und zwinkerte mir zu.

»Na, der nächste Kirchgang kommt bestimmt«, lachte ich, »da darfst du dich dann revanchieren.«

Bianca lachte noch immer, als sie Holzschüsseln auf den Tisch stellte, Löffel dazulegte, den Käse und das Brot in dicke Scheiben schnitt, Rahm in die Becher goss und die Stühle zurechtrückte. Ich erhob mich, wusch mir die Hände in der Waschschüssel, die neben der Tür stand und half dann beim Herrichten des Abendbrottisches. Bianca summte das Segenslied leise vor sich hin und ich merkte, wie selbst mich das beruhigte. Der Gedanke an den Wolf war wie weggeblasen.

Es dauerte nur wenige Minuten, da hörten wir Vaters Stimme vor dem Haus. Mutter kam die hölzerne Treppe vom Dachboden herab und strich sich das Kleid glatt.

»Ich habe für Bruder Angelo eine Schlafstatt bereitet«, sagte sie etwas atemlos und zupfte sich den letzten Strohhalm aus dem Haar. »Er wird neben dir auf dem Heuboden schlafen, Antonio. Hier unten ist kein Platz. Ich hoffe, du hast nichts dagegen.«

»Gewiss nicht«, sagte ich fröhlich, dennoch war ich verunsichert. Was, wenn ich wieder träumte und was, wenn Bruder Angelo meine Worte aus dem Schlaf heraus vernahm … würde er mich für einen Feigling halten?«

Ich wischte die Gedanken beiseite und blickte zur Tür, die nun aufflog und mit Dunkelheit und Frühlingsluft meinen Vater und Bruder Angelo hereinwehte.

✳✳✳

KAPITEL 4

FRATER ANGELO

Aus der Nähe betrachtet sah Bruder Angelo noch kleiner und schmaler aus als in der Kirche. Doch er wirkte keineswegs schwach. Sein hagerer Körper schien zäh, seine Muskeln stark und sehnig und in seinen Augen strahlte ein Glanz, der Vitalität und Lebenslust widerspiegelte. Er hatte eine unglaublich große Nase, und ich musste mich sehr zusammenreißen, nicht ständig darauf zu starren.

»Als ich jung war«, sagte Frater Angelo, »habe ich meine Eltern gefragt, ob ich vielleicht eine gelbe Nase hätte, oder ob eine dicke Warze darauf sei, oder ob ich sie mir beim Spielen dreckig gemacht hätte. Anders konnte ich mir nicht erklären, warum die Leute ständig darauf starrten.« Er lachte los, als er meinen verdutzten und beschämten Blick wahrnahm. Er trat auf mich zu, hielt seine Hände an meine Arme und zog mich zu sich heran.

»Ich bin Frater Angelo«, sagte er herzlich, »der Frater mit der großen Nase. Und die riecht ein herrliches Aroma nach Mandel, Brot und Butter.«

Dann fügte er hinzu: »Dein Vater sagte mir, dass ich es dir zu verdanken habe, dass ich heute Abend hier Gast sein darf. Dafür danke ich dir herzlich, Antonio!«

Dabei küsste er mich links und rechts auf die Wange und schlug das Kreuz über mir. Dann ließ er mich los und begrüßte meine Mutter und meine Schwester auf eben diese Weise. Über Alansos Wiege gebeugt, schlug er das Kreuz und sagte: »Gesegnet sei diese Familie!«

»Setzt Euch doch, Bruder Angelo«, sagte meine Mutter und deutete auf den gedeckten Tisch. »Es ist nur ein bescheidenes Mahl«, fügte sie leise hinzu, »aber was wir haben, das wollen wir gerne mit Euch teilen.«

Frater Angelo hob erstaunt die Brauen.

»Donna Anna«, sagte er schlicht, »ist nicht das *Scherflein der Witwe* wertvoller, als die Münzen der Reichen?«

Mutter errötete, noch nie hatte sie jemand *Donna* Anna genannt, diese Bezeichnung stand nur adeligen Frauen zu. Frater Angelo wollte damit zum Ausdruck bringen, wie hoch seine Wertschätzung gegenüber Mutter war, doch Mutter und auch wir sahen Frater Angelo fragend an. Vom *Scherflein der Witwe* hatten wir nie gehört.

»Nun«, sagte Frater Angelo daraufhin, »ich werde euch die Geschichte erzählen, wenn ich mir vorher Gesicht, Hände und Füße waschen darf?« Dabei streckte er uns die Arme entgegen und sah an sich herunter. Wir folgten seinem Blick auf die nackten Füße, die in einfachen Sandalen steckten. Wieder fröstelte es mich. Wie konnte er es bei diesen Temperaturen nur aushalten, in Sandalen zu laufen.

»Auch unser Herr Jesus hatte nicht mehr als Sandalen an«, erklärte Frater Angelo, der meine Gedanken erneut zu lesen schien.

»Ja, nur, dass es dort viel wärmer war, wo er wandelte«, rutschte es mir heraus, ohne vorher über meine Worte

nachgedacht zu haben.« Mein Vater warf mir einen zurecht-
weisenden Blick zu, doch wieder war es Frater Angelo, der
lachte.

»Da hast du wohl recht, lieber Antonio«, antwortete er
mit einem Augenzwinkern, »doch *wo* man ihm nachfolgt,
kann man sich leider nicht immer aussuchen. Aber ich habe
es doch noch gut getroffen. Es gibt in diesem Land wenigstens ein Frühjahr und einen Sommer. Schlimmer muss es
den Füßen der armen Menschen ergehen, die im ewigen
Winter wohnen.«

Die Stimmung war entspannt und selbst Vater lächelte,
als er Frater Angelo hinausbegleitete, um ihm die Waschschüssel zu zeigen. Vater füllte sie mit frischem Wasser aus
dem Bach und Frater Angelo steckte seine Hände ohne zu
zögern in das kalte Wasser und wusch sie sich. Dann be-
netzte er Gesicht und Hals und nahm dankend das Tuch
entgegen, dass Mutter ihm hinhielt. Als er die Sandalen von
den Füßen streifte, bemerkte ich, dass einige seiner Zehen
geschwärzt waren. Das war nicht nur Schmutz, dachte ich
bei mir, das war der Frost, der das Leben aus ihnen hinweg-
nahm. Auch hier waren die Winter so kalt, dass das Leben
aus den Fingern und Zehen abstarb, passte man nicht auf.
Da nützte es dem Frater auch nichts, wenn es irgendwann
wieder Frühling oder Sommer wurde. Das Leben kehrte
nicht in die toten Gliedmaßen zurück. Das wusste ich vom
alten Seppo, der nur noch acht Zehen hatte.

Bevor Frater Angelo die Waschschüssel auf den Boden
stellen konnte, um seine Füße zu waschen, kam Bianca aus
dem Haus getreten. Sie trug einen Schemel herbei und forderte Frater Angelo auf, sich zu setzen. Dann lief sie flink

ins Haus zurück und kam mit einem Krug wieder. Sie goss dampfendes Wasser in die Waschschüssel und stellte sie vor Frater Angelo auf den Boden. Dann kniete sie nieder und wusch dem Frater kurzerhand die Füße.

Ich fand diese Geste der Gastfreundschaft mehr als übertrieben und auch ein wenig beschämend. Jeder konnte sich doch selbst die Füße waschen. Und so alt und gebrechlich war Frater Angelo nun auch wieder nicht. Doch Bianca schien das nicht im Geringsten etwas auszumachen. Im Gegenteil: Sie summte vor sich hin und widmete sich den halbtoten und überaus hässlichen Füßen des Fraters mit einer Hingabe und Zartheit, die mich erschreckte. Und Frater Angelo? Schämte er sich denn gar nicht?

Als ich aufblickte und ihn ansah, erschrak ich erneut. Es standen Tränen in seinen Augen, die sich nun stumm und leise ihren Weg durch seine faltigen Wangen und über seine so große Nase suchten.

Langsam hob er eine zitternde Hand und legte sie auf Biancas Kopf.

»Der Herr möge immer mit dir sein«, flüsterte er ergriffen, »und dein Tun auf der Erde segnen!«

Vater hatte Mutter seinen Arm um die Schulter gelegt und sie hatte sich gerührt und stolz an ihn gedrückt. Nur ich schien das alles überhaupt nicht zu verstehen. Erst später hatte Vater mir erklärt, dass Jesus selbst es gewesen war, der seinen Jüngern die Füße gewaschen hatte, bevor sie sich zum letzten Abendmahl an den Tisch setzten. Es war eine dienende Geste, aber auch eine Geste der Liebe.

Bianca hatte vorsichtig Schmutz und Staub von den Füßen gewaschen, sie getrocknet und massiert und Frater

Angelo dann an den Tisch geführt. Dann war sie zum Kamin gelaufen, hatte einen heißen Stein aus der Glut gezogen und ihn zu Füßen Frater Angelos auf den Boden gelegt. Mehr an Wohltat für so zerschundene Füße gab es nicht, dachte ich.

Frater Angelo sprach den Segen und dann aßen wir gemeinsam von den guten Speisen. Das Brot war würzig und kräftig, der Käse cremig und pikant und der Kuchen zum Abschluss war himmlisch. Isabella hatte sich selbst übertroffen und ich nahm mir vor, sie mit weniger Spott und mit mehr Nachsicht für ihre Gebrechen zu betrachten als bisher.

»Bruder Angelo«, fragte Bianca höflich, als der Kuchen fast verspeist war, »wollt Ihr uns nun die Geschichte vom Scherflein erzählen, die Ihr vorhin erwähntet?«

Bianca war mir zuvorgekommen, wie ärgerlich! Ich war am Scherflein überhaupt nicht interessiert, ich wollte lieber etwas über Bruder Franz erfahren.

»Das *Scherflein der armen Witwe*, ja natürlich, diese Geschichte erzähle ich euch gern«, sagte Frater Angelo. »Und ich berichte über vieles andere mehr auch noch«, fügte er an mich gewandt hinzu.

Das war schon fast unheimlich, woher Frater Angelo immer wusste, was in meinem Kopf vor sich ging. Und als hätte er auch das erraten, sagte er lachend: »Pure Lebenserfahrung, mein Sohn, und Menschenkenntnis.«

Es wurde für einen Moment ganz still im Raum, nur das leise Atmen von Alanso und das Knistern des Feuers im Kamin waren zu hören. Von draußen drangen die gedämpften Geräusche der Schafe herein, die im Pferch standen und fraßen.

»Das Neue Testament erzählt uns eine Geschichte, die

Jesus als Anlass nahm, uns den Wert von Dingen und Geschenken vor Augen zu halten. Und mehr noch, uns zu erklären, worin wahrer Großmut besteht«, begann Frater Angelo seine Geschichte. »Die reichen Männer am Tempel warfen viele Münzen in den Opferkasten und wurden gelobt für ihre großzügige Spende. Sie badeten sich im Lob der umstehenden Leute und waren selbstherrlich und stolz, über ihre demonstrierte Großmut. Doch da war eine arme Witwe unter ihnen, die nur zwei kleine Münzen in ihrer Hand hielt. Mehr hatte sie nicht. Sie hatte kein geheimes Versteck zu Hause, aus dem sie Nachschub hätte holen können. Das, was sie in ihrer Hand trug, war ihr ganzer Reichtum. In den Augen der umstehenden Leute war dieser Betrag wohl lächerlich. Doch die Witwe hatte nie mehr besessen als das. Und was tat sie, als sie am Opferkasten vorbeiging? Behielt sie das Geld, weil sie wusste, dass sie sonst hungern müsste? Behielt sie das Geld, weil sie dachte, dass ja die Reichen schon genug gespendet hatten? Dass es auf ihre zwei Münzen gar nicht ankäme?

Nein, denn sie dachte daran, wie gut der Herr sie bisher versorgt hatte. Deshalb ging sie schnell zum Opferkasten und warf alles hinein, was sie hatte. Jetzt besaß sie noch weniger als sonst, aber sie war ganz zufrieden.«

Frater Angelo machte eine kurze Pause und trank einen Schluck Rahm aus dem Becher, dann fuhr er fort: »Die Witwe ging nach Hause, sie war glücklich, denn sie hatte ihrem Gott gezeigt, dass er ihr viel wichtiger war, als das Geld in ihrer Hand, obwohl sie den Spott der umstehenden Menschen fürchtete.

Jesus jedoch hatte all das gesehen und fragte seine Jünger:

›Habt ihr gesehen, wie viel die arme Frau in den Opferkasten geworfen hat?‹ Natürlich hatten sie das gesehen, und sie empörten sich darüber, wie wenig das gewesen war. Doch Jesus erklärte ihnen nachsichtig, dass das Scherflein der armen Witwe mehr wert sei, als alle anderen Spenden zusammengenommen. Die Jünger verstanden das nicht, wie konnte Jesus so etwas sagen? Jeder hatte doch gesehen, dass es lächerliche zwei Münzen gewesen waren, die die Frau in den Kasten geworfen hatte. Davon konnte man doch wirklich kein großes Opfer kaufen. Doch Jesus erklärte den Jüngern, dass Gott, der Vater, so nicht rechnete. Dass Gott nicht nur auf den Wert des Geldes achtete, sondern auf das Herz jedes einzelnen Menschen. Die Reichen haben nur von dem etwas abgegeben, was sie im Überfluss haben. Und selbst eine große Summe fällt da kaum ins Gewicht, denn es bleibt ja immer noch genug übrig. Die Witwe aber hat von wenig viel, nämlich alles, abgegeben. Sie hatte nichts mehr übrig, also ist diese Gabe viel mehr wert.«

»Es kommt nicht darauf an, dass man von vielen Sachen, die man hat, einiges abgibt«, murmelte ich vor mich hin, denn ich erinnerte mich plötzlich an das, was Vater heute Morgen in der Kirche zu mir sagte, als ich ihn gebeten hatte, Frater Angelo zu uns einladen zu dürfen.

Frater Angelo nickte mir freundlich zu. »So ist es, Antonio, es kommt nicht auf die Menge an, sondern auf den Wert. Und auch die Jünger haben das begriffen, denn auch sie hatten für Jesus viel gegeben. Aber konnten sie in seiner Nachfolge auch wirklich alles für ihn geben? Waren sie bereit, so zu leben wie er? Anderen Menschen ein Vorbild zu sein und Gott ganz und gar in ihr Leben zu lassen?«

Bei diesen Worten strahlten Frater Angelos Augen auf und sein Gesicht wirkte trotz der viel zu großen Nase und der Falten plötzlich schön.

»Wenn du das einmal erkannt hast«, fuhr er fort, »wie viel Gott dir geschenkt hat, dann wirst du ihm in seiner Nachfolge genauso viel schenken wollen. Auch wenn das bedeutet, dass man nur noch sieben seiner Zehen spürt.« Er streckte sich wohlig aus und rubbelte seine Füße über den warmen Stein.

»Bitte, Frater«, bat ich nun etwas selbstsicherer und mutiger, »erzähl von Bruder Franziskus aus Assisi. Stimmt es, dass er der Erste war, der Jesus in dieser Art nachfolgte? Stimmt es, dass er Wunder tut, wie Jesus selbst? Stimmt es, dass ...«

»Na, na, Sohn«, unterbrach mich Vater, »wir wollen doch unsere Gastfreundschaft nicht mit Unhöflichkeit krönen, indem wir lauter dumme Fragen stellen.« Doch Frater Angelo hob beschwichtigend eine Hand.

»Es ist schon gut, Luca«, sagte er, »es gibt keine dummen Fragen, nur zuweilen dumme Antworten.«

Frater Angelo lehnte sich leicht vor und stützte seine Ellenbogen auf den Tisch.

»Bruder Franziskus ist uns allen ein Vorbild«, begann er von Neuem, »er hat verstanden, was es heißt, Jesus nachzufolgen, in jedweder Konsequenz. Ich lernte ihn kennen, da hat er selbst den Vögeln gepredigt. Es ist noch nicht lange her, doch ich war schon seit geraumer Zeit auf der Suche nach dem, was man den Lebenssinn nennt. Meine Eltern waren reich, wir wohnten in San Marino, einer Hafenstadt am Meer, und ich hatte eine gute Bildung genossen. Dann kam der Augenblick, in dem ich den Handel meines Vaters weiterführen sollte. Ich hatte die Welt auf den Handelsschiffen meines Vaters bereist, hatte viel gesehen und doch nichts, denn ich hatte nirgendwo Antworten auf meine Fragen gefunden. Mein Herz war unruhig wie eh und je und alles in mir sträubte sich dagegen, mein Leben als Händler und Weltreisender weiterzuführen. Ich betete viel und fragte Gott, was er sich von mir erhoffte. Ich suchte den Dom auf, mehrere Kirchen, sprach mit Priestern und auch mit Nonnen. Lange bekam ich keine Antwort. Doch dann traf ich auf Menschen, dir mir von Franziskus aus Assisi erzählten. Die mir sagten, wie er lebte, dass er Wunder vollbringen würde, wie unser Herr Jesus Christus selbst. Mein Verstand konnte das erst nicht glauben, doch mein Herz sagte mir etwas anderes. Also machte ich mich auf den Weg von San Marino nach Assisi. Doch ich musste noch etwas weiterreisen, denn Bruder Franz war bereits aufgebrochen und dem Lauf des Topino gefolgt. Er war seinerseits auf Reisen, um den Menschen von Gott zu erzählen und dann nach Rom zu wandern, um beim Papst vorzusprechen. Vom ersten Augenblick an faszinierte er mich. Er war ruhig, besonnen, unglaublich klug und bewandert in den Schriften. Ich schloss mich ihm an und blieb eine lange Zeit bei ihm. Seine Bescheidenheit und Güte und letztlich sein bedingungsloser Glaube machten mein Herz ganz ruhig.«

Frater Angelo unterdrückte ein leises Gähnen, und ich musste zugeben, dass er mehr als erschöpft aussah. Die Vitalität, die sein Geist zeigte, die sein Herz spürte und die seine Augen versprühten, erreichte seinen Körper doch nur halb. Im diffusen Licht des Kaminfeuers, das zuckende Schatten auf Wände und Gesichter warf, erkannte ich eine abgrundtiefe Müdigkeit in Frater Angelo. Ich sorgte mich, war aber gleichzeitig enttäuscht, denn ich wusste, dass es für ihn besser war, jetzt zu ruhen. Ich platzte vor Wissensdurst, musste ihn aber zügeln. Morgen war auch noch ein Tag, tröstete ich mich.

»Morgen ist auch noch ein Tag«, sagte Mutter – verflixt, konnten denn wirklich alle hier meine Gedanken lesen? – »Ihr solltet jetzt ruhen, Bruder Angelo. Ich habe für Euch auf dem Dachboden eine Schlafstatt bereitet. Wenn es Euch nichts ausmacht, im Heu des letzten Jahres zu liegen«, fügte sie unsicher hinzu.

»Es wird mir ein Vergnügen sein, gewiss«, erwiderte Frater Angelo und erhob sich mühsam. »Ich danke Euch sehr für das besondere Mahl und die warmen Füße.«

Er zwinkerte Bianca zu, die leicht errötete und sich dann dem Abräumen des Tisches widmete. Vater stützte Frater Angelo leicht und half ihm die Treppe zum Dachboden hinauf. Sie sprachen leise miteinander, sicher waren es Dankes- und Segensworte. Ich für meinen Teil war überhaupt nicht müde, dennoch konnte ich es kaum erwarten, draußen mit meiner Arbeit fertig zu werden, um so schnell wie möglich dem Frater auf den Dachboden zu folgen. Vielleicht war Frater Angelo noch wach, wenn ich kam und konnte im Liegen weitererzählen?

Ich erhob mich eilends, streifte die schweren Stiefel über, die neben der Tür standen und entschwand in die Dunkelheit. Ich trat an den Pferch heran und überprüfte in einem kleinen Rundgang, ob alles in Ordnung war, dann füllte ich die Tröge mit Futter und auch die Tränke mit frischem

Wasser. Irgendwie war das Geräusch der widerkäuenden Schafe, das leise Schmatzen und Mähen immer beruhigend. Auch mochte ich den Geruch nach leicht feuchter Wolle und den warmen Atem der Tiere. Mein Blick wanderte vom Pferch über das Dach unserer Hütte, weiter zum Bach und den dahinter angrenzenden Wald. Die schwarzen Äste der Nadelbäume hoben sich gegen den Nachthimmel ab, denn ein voller Mond stand reif am Firmament und sandte sein fahles Licht auf unseren Hof.

Bescheiden war das, was wir besaßen, aber es reichte uns für ein angenehmes Leben, wenn der Wolf nicht noch mehr Schaden anrichtete. Bei diesem Gedanken suchten meine Augen unwillkürlich das Unterholz des Waldes ab und wieder erschauerte ich. Für einen kurzen Moment meinte ich rotglühende Lichtpunkte im Schatten der Stämme zu sehen, dann schüttelte ich meinen Kopf und verwarf den Gedanken an einen nächtlichen Dämon, der uns im Schlaf überfallen und zerfleischen wollte. ›Der Wolf selbst ist kein Dämon‹, hatte Bianca gesagt, ›er ist nur schlau und das macht uns Angst.‹

Ich aber hatte ihn gesehen, leibhaftig, und ich fand, dass er einem Dämon ungeheuer nahekam. Ich zählte die Schafe noch einmal durch, griff ein letztes Mal an das Gatter und rüttelt daran, um mich zu vergewissern, dass es auch gut abgeschlossen war. Dann wandte ich mich dem Haus zu. Meine Augen blieben für einen Moment an der Waschschüssel hängen, die immer noch auf dem Boden stand und ich musste lächeln. Ob Bianca auch mir die Füße waschen würde, wenn ich in Sandalen herumlaufen und mit staubigen Füßen nach Hause kommen würde? Innerlich lachte ich, doch ich glaube, dass sie es sogar tatsächlich machen würde. Bianca war sanftmütig und gut.

Doch war ich überhaupt bereit, in Sandalen zu laufen, mich in eine einfache Kutte zu hüllen, nichts zu besitzen als das und meinen Glauben? Mein Leben auf das Nötigste zu reduzieren? Klar, wir hatten nicht viel, doch es war immerhin so viel, dass wir nicht hungern mussten, wie manch andere in harten Wintern. Wir konnten es uns sogar leisten, zwischendurch ein Schaf zu schlachten und es uns gut gehen lassen. Und durch Mutters Stickerei und den Verkauf der Decken und Tücher auf dem Wochenmarkt in Perugia hatten wir einen kleinen annehmlichen Zusatzverdienst. Das alles aufgeben? Für nichts? Wenn man Frater Angelo glaubte, dann für alles, denn er hatte den Sinn seines Lebens darin gefunden.

Der alte Seppo jedoch hatte das als Unfug und Irrsinn abgetan und die Menschen als dumm und unklug bezeichnet, die ihr Hab und Gut verschenkten, um in völliger Armut zu leben. Auch ich hatte ja heute Morgen nach dem Gottesdienst noch darüber gelacht. Doch seit Frater Angelo unsere Schwelle übertreten hatte, mischte sich da noch ein anderes Gefühl unter. Da war Anerkennung, Hochachtung und auch Bewunderung. Ich selbst würde so nicht leben können, soviel war klar, doch ich musste die Menschen, die so lebten und Jesus bis ins Kleinste nachfolgten nicht mehr verspotten, sondern konnte sie für das bewundern, was mir selbst nicht gelang.

Mein Herz wurde unruhig. Ich wollte so viel mehr erfahren, von Frater Angelo, von Frater Franzskus und, wie ich mit Erstaunen an mir bemerkte, auch von Jesus.

Ich hob die leere Waschschüssel vom Boden auf, stellte sie auf den Holzblock zurück, auf dem sie üblicherweise stand, lief mit einem Eimer zum Bach und füllte die Schüssel erneut. Ich wusch mir Hände und Gesicht und atmete dabei noch einmal den würzigen Duft nach Moos, Pinien und Frühling ein, der in der Luft lag. Auch lauschte ich noch einmal auf die nächtlichen Geräusche. Ein leises Knacken, das Seufzen des Windes, der Ruf eines Käuzchens, doch vom Wolf war nichts zu hören. Die Schafe standen friedlich und so öffnete ich die Tür und betrat den warmen Raum. Bianca hatte den Tisch bereits abgedeckt und Mutter saß summend im Schaukelstuhl vor dem Feuer und stillte Alanso. Sein leises Saugen und Schmatzen zeugte von Zufriedenheit.

Mutter lächelte mir zu und sagte: »Ich gehe davon aus, dass du nach diesem harten, anstrengenden Tag jetzt sicherlich sehr müde bist und sofort schlafen gehen möchtest.«

Auch ich lächelte. Sie hatte mich durchschaut. Normalerweise saßen wir am Sonntagabend noch ein wenig beisammen, redeten über die vergangene Woche, über die Predigt in der Kirche und über das, was in der neuen Woche anstand. Doch Mutter und auch Bianca schienen meine Unruhe nur allzu deutlich wahrzunehmen und hatten Verständnis für meinen neugierigen Geist. Als ich an der Treppe stand, die auf den Dachboden hinaufführte, kam mir Vater entgegen.

»Bruder Angelo schläft jetzt«, sagte er, »mein Sohn, ich bitte dich, achte seine Ruhe.«

»Natürlich, Vater«, erwiderte ich, »oder glaubst du wirklich, dass ich nichts Besseres zu tun habe, als ihn wachzurütteln und mit Fragen zu löchern?«

»Nun ja«, erwiderte mein Vater, »zuzutrauen wäre es dir.«
Aber Vater war nicht zornig, sondern lächelte. »Denk daran, morgen ist sicherlich noch Zeit. Ich wünsche dir eine gute Nacht.«

Mit diesen Worten gesellte er sich zu Mutter und Bianca und ich schlich sachte die Treppe hinauf. Ein leises Knarren lief durch die Holzstufen, das war nicht zu vermeiden. Ich duckte mich leicht, um den Dachboden betreten zu können und sah die Gestalt Frater Angelos zusammengerollt wie ein Kind auf der Seite liegen. Mutter hatte ein weißes Laken über das Heu gespannt und eine warme Wolldecke für unseren Gast aus der Truhe geholt. Frater Angelo hatte sich die Decke bis über beide Schultern gezogen. Er wirkte zufrieden. Ein leises Schnarchen verriet mir, dass er tatsächlich schlief. Vorsichtig trat ich näher und betrachtete ihn genauer. Durch die runde Dachbodenluke drang das helle Licht des Mondes und umhüllte das Gesicht des Fraters wie ein Heiligenschein. Und wieder musste ich feststellen, dass sein Gesicht schön wirkte, fast göttlich.

Ich ließ mich nieder und schlüpfte unter meine eigene Decke. Lange lag ich noch so da, die Arme unter dem Kopf verschränkt und dachte über die Geschichten nach, die ich heute gehört hatte. Ich dachte an die Witwe, die so arm war, aber ihr Herz nicht an das Geld hängte, die bereit war, alles aufzugeben, um Gott zu zeigen, wie sehr sie ihm dankte und an ihn glaubte. ›Meine Güte, das war wirklicher Glaube‹, dachte ich. Und dann der Lebenslauf von Bruder Angelo: Er war als reicher Sohn geboren worden, hatte das Meer bereist, *das Meer*, dachte ich voller Sehnsucht. Er hatte das Paradies auf Erden gehabt, konnte sich schöne Kleider, Schuhe und

Schmuck leisten, ein gutes Essen am Morgen, eines am Mittag und eines am Abend, und doch war da eine Sehnsucht in seinem Herzen gewesen nach mehr – oder sollte ich sagen, nach weniger? Es schoss mir ein Satz durch den Kopf, den Frater Angelo erwähnte, als er Bruder Franz getroffen habe. Er hätte den Vögeln gepredigt. Den Vögeln von Gott erzählen? Poco credibile, also ganz großer Unsinn, wie Seppo sagen würde. Oder doch nicht? Und dann traf es mich wie ein Blitz: Was hatte Bianca noch gesagt? Man müsse vielleicht nur mit dem Wolf reden, damit er zur Vernunft komme? Wenn Bruder Franz mit Vögeln reden konnte und sie auf ihn hörten, konnte er da nicht auch dem Wolf von Gott erzählen und ihm klarmachen, dass er gegen die Schöpfung verstößt? Halb musste ich bei dem Gedanken lachen, doch die Hoffnung, da könnte etwas Wahres dran sein, war größer. Ich fiel ich in einen unruhigen Schlaf.

***

KAPITEL 5

EINE PREDIGT FÜR DIE VÖGEL

Ich träumte:

Ich lief durch einen Wald. In meinen Träumen lag er dunkel und schweigend am Hang. Ich lief den Pfad die Berge hinauf und folgte einer Stimme, die nach mir rief. Hinzu kam das seltsame Gefühl, dass mich jemand verfolgte, dass der Wolf hinter mir war, neben mir, vor mir, und egal, in welche Richtung ich mich drehte, er war schon da.

Immer wieder hörte ich Meppinos Bellen und das Rufen der Schafe. Ich sah Renata neben mir durch die Bäume laufen. Ihr Bauch hing ihr dick zwischen den Beinen. Sie war ganz sorglos, so als fürchte sie den dunklen Schatten nicht, der uns umgab. Renata blieb stehen, dann legte sie sich nieder und Wehen durchzuckten ihren Körper. Sie war dabei, zu gebären.

Ich ließ mich neben sie auf den Waldboden sinken und legte ihr meine Hände auf den schlanken Hals. Schon hundert Mal hatte ich das bei anderen Schafen gemacht. Immer hatten sie vertrauensvoll ihren Kopf in meinen Schoß gelegt. So auch jetzt Renata. Ihre sanften Augen ruhten auf mir, während sich ihr Leib zusammenzog und sie das erste Lamm herauspresste. Es war schwarz wie die Nacht und feucht und schwach. Es kam auf seine dünnen wackeligen Beine, spreizte die Vorderhufe weit auseinander und versuchte, sein Gleichgewicht zu halten. Renata blieb liegen und erwartete ein zweites Lamm.

Wieder gingen die Wehen durch ihren Leib und wieder hielt ihr Blick mich fest. Auch das zweite Lamm war schwarz und feucht. Doch als es aufzustehen versuchte, erschrak ich. Das war kein Lamm, das war ein Wolf. Klein und kläglich lag er da, zu schwach, um sich hochzurappeln. Renata drehte ihren Kopf und rief ihre Kinder zu sich. Das erste Lamm stützte sein Geschwisterchen und gemeinsam legten sie sich an die Zitzen. Dass eine Wölfin einmal zwei Kinder gesäugt hatte, dass wusste ich aus den alten Legenden der Entstehung Roms. Doch dass ein Schaf einen Wolf gebar, ihn als sein Eigen ansah und säugte, das hatte ich noch nie gehört.

Ich betrachtete in meinem Traum eine Weile das friedliche Bild. Der Wolf war tatsächlich keine Bestie, kein Dämon. Doch plötzlich veränderte sich das Bild. Ich stellte fest, dass der kleine Wolf ungeheuer schnell größer wurde und bald so aussah, wie der Wolf, dem ich im Wald begegnet war. Sein Schatten wuchs und wuchs, bis er Renata und sein Geschwisterchen unter sich begrub. Selbst über mich wuchs er hinaus. Ich machte ihn größer, durchfuhr es mich, durch meine Angst, gewinnt er an Macht. Das war der Moment, in dem ich angstvoll erwachte.

Ich war schweißgebadet. Mit einem Ruck setzte ich mich auf und horchte in die Dunkelheit. Mein Herz raste und sprang mir fast aus der Brust. Im ersten Moment wusste ich gar nicht, wo ich war.

Allmählich gewöhnten sich meine Augen an das Dunkel und ich erkannte die Gestalt Bruder Angelos. Er kniete auf seiner Schlafstätte und betete. Er hatte die Hände gefaltet und den Kopf gesenkt.

»Ein wahrlich böser Traum, der dich da heimsuchte«, sagte er schlicht. Von draußen drang aus weiter Ferne das einsame Heulen des Wolfes. Ich schrak zusammen. Ich wollte aufspringen, hinunter- und hinauslaufen, um nach den Schafen zu sehen, doch die sanften Worte Bruder Angelos hielten mich fest.

»Dein Vater ist draußen bei den Schafen«, sagte er, »der Wolf ist schon ein ganzes Weilchen zu hören. Aber er ist fern. Heute Nacht wird euch nichts passieren.«

Mein Körper entspannte sich etwas, aber mein Herz schlug mir weiter bis zum Hals.

»Woher wisst Ihr, was ich geträumt habe?«, fragte ich leise. Ich meinte die Antwort schon zu kennen und schämte mich für mein feiges Herz, das im Schlaf aus mir heraus gesprochen hatte.

»Weißt du, Antonio«, erwiderte Bruder Angelo milde und setzte sich bequemer ins Heu, »es ist nicht immer die Angst oder die Feigheit, die uns solche Träume schickt, sondern die Hoffnung, sie zu überwinden, den eigenen Mut und den eigenen Weg zu finden.«

Ich versuchte, die Worte zu verstehen, doch ich empfand weiterhin nur Scham.

»Dein Vater hat mir von dem Wolf erzählt, als er mich gestern Abend von der Brücke abholte. Von all den Schafen und Ziegen, die ihr und eure Nachbarn in den letzten Jahren verloren habt. Von dem armen Stefano, der trotz seines Mutes und seiner körperlichen Stärke dem Wolf unterlegen war. Auch hat er mir von dir und der Begegnung mit dem

Wolf erzählt, dass du unter einem besonderen Schutz gestanden haben musst, dass der Wolf dich verschonte und lediglich ein weiteres Schaf gerissen hatte.«

»Unser bestes Schaf«, fuhr es aus mir heraus, »er hat Renata gepackt, weil ich wie ein Feigling dagestanden und nichts getan hatte. Ich hätte mir einen Knüppel nehmen und auf den Wolf eindreschen müssen, hätte meinen Hirtenstab schwingen und Meppino wecken müssen, hätte mit Vater zusammen dem Wolf nachsetzen und ihn erlegen müssen ...«

Ich spürte ein Brennen in meiner Kehle und ein Beben durchlief meinen Körper. Heiße Tränen sprangen mir aus den Augen und rannen meine Wangen herab. Ich konnte sie nicht mehr zurückhalten, wie an dem verhängnisvollen Tag, als ich weinend am Bach gekniet und Renatas Blut von meinen Händen gewaschen hatte. Ich verbarg mein Gesicht in meinen Händen, zog die Knie an und schluchzte jetzt hemmungslos.

Ich spürte die sachte Berührung von Bruder Angelos Hand auf meiner Schulter. Wie Mutter hatte er die Gabe zu schweigen und mich gewähren zu lassen, bis ich selbst bereit war, zu erzählen.

Nach einer schier endlosen Zeit entspannte sich mein Körper. Ich ließ die Hände sinken und wischte die Tränen fort.

»In den letzten Wochen habe ich immer wieder gehört, dass ich daran keine Schuld trage«, sagte ich leise, »dass alle froh sind, dass ich noch lebe. Dass ich mir keine Vorwürfe machen brauche, und irgendwie weiß ich auch, dass das stimmt. Aber ich fühle anders, ich bin enttäuscht von mir selbst, enttäuscht, dass ich nicht anders handeln konnte, dass ich nicht einmal den Versuch unternommen hatte …«

Bruder Angelo strich mir über die Haare, dann zog er die Knie genauso an wie ich und erwiderte: »Der Wunsch allein, etwas zu verändern, reicht oft nicht, es ist der Glaube, der uns stark macht. Der Wolf ist nur so groß und übermächtig, wie du ihn denkst … Weißt du, wir alle kommen an einen Punkt in unserem Leben, an dem wir uns auf eine Reise begeben. Manchmal sehen wir das Ziel klar vor uns und wir wissen genau, wie wir es erreichen können, doch oft ist das nur ein Nebel, nur eine Andeutung, schemenhafte Umrisse und unser Herz und unser Verstand müssen erst lernen, zu erkennen. Du stehst am Beginn deiner eigenen, ganz persönlichen Reise in ein Abenteuer, das man Erwachsenwerden nennt.«

Ein ganzes Weilchen saßen wir stumm so da und lauschten in die Nacht hinaus. Der Mond war verschwunden und der Dachboden lag vollkommen dunkel da. Ich konnte Frater Angelo kaum erkennen, aber das war auch gut so. Vielleicht fand ich ja auf diese Art den Mut, mit ihm zu sprechen.

»Frater Angelo«, begann ich zögerlich, »Ihr erzähltet von eurer Entscheidung, Jesus nachzufolgen. Habt Ihr da nicht auch Mut gebraucht? Und wie habt Ihr ihn gefunden?«

Frater Angelo ließ sich mit der Antwort Zeit, ich hörte seinen regelmäßigen Atem neben mir. Draußen war alles ruhig. In der Ferne war der Wolf verstummt und die Schafe im Pferch schliefen. Offenbar hatte der Wolf in dieser Nacht ein anderes Opfer gefunden, vielleicht ein Reh, wie ich hoffte und nicht eines der Tiere von unseren Nachbarn. Das leise Knarren der Haustür verriet mir, dass Vater wieder hereingekommen war. Ich hörte, wie er die schweren Stiefel abstreifte und dann auf leisen Sohlen zum Schaukelstuhl schlich. Ich wusste, dass er dort unten am Kamin sitzen und Wache halten würde. Des Öfteren hatte ich ihn am nächsten Morgen dort schlafend vorgefunden.

Bruder Angelo zog die Luft ein und sprach dann flüsternd: »Du hast ja keine Ahnung, wie viel Mut man braucht, um seiner enttäuschten Familie gegenüberzutreten und seine Entscheidung zu verkünden, in der Nachfolge Christi zu leben und alles, wofür deine Familie arbeitete und lebte, abzulehnen. Ich war der Älteste von fünf Geschwistern und ich hatte einen jüngeren Bruder, der nicht minder geschickt war im Umgang mit Kunden, Waren und Geldgeschäften. Ich glaube, das war mein Glück. Meine Eltern taten sich schwer mit meiner Entscheidung, aber letztlich akzeptierten sie meinen Entschluss, weil ja immerhin noch Alessandro da war, der in Vaters Fußstapfen treten konnte. Bruder Franz jedoch, zu dem ich ging, von dem ich lernte und dem ich folgte, hatte eine ganz andere Geschichte zu erzählen. Sein Vater konnte und wollte diese Art des Lebens in völliger Armut nicht verstehen und akzeptieren. Er hat nie wieder ein Wort mit seinem Sohn gesprochen, ihn enterbt und sogar einzusperren versucht. Doch ich habe in all der Zeit, in der ich mit Franziskus unterwegs war, nie ein bitteres Wort von ihm darüber gehört. Für ihn lag die Erfüllung seines Lebens in seinem Glauben und in der Nachfolge.«

»Bitte, Frater Angelo«, fragte ich weiter, »könnt ihr mir von Eurer ersten Begegnung mit Bruder Franz erzählen? Ihr sagtet, dass er zu den Vögeln gesprochen und ihnen gepredigt habe …«

Frater Angelo lachte leise auf: »Ja, das war wirklich ein starkes Stück. Ich hatte mich voller Selbstzweifel aber auch voller Neugier auf den Weg nach Assisi gemacht, um dem geheimnisvollen Bruder zu begegnen. In meiner Vorstellung sah ich ihn gütig zwar und bescheiden, so wie ihn die Leute beschrieben, dennoch aber prachtvoll gekleidet, wie ein Bischof, mit einem Hofstaat voller Diener, einer Sänfte oder hoch zu Pferd. Das mit der Kutte und den Sandalen konnte ich beim besten Willen nicht glauben und schrieb es der allzu großen Fantasie der Menschen zu, die ja schon immer den Hang dazu hatten, Dinge zu übertreiben. Ich wanderte also in San Marino los, durchquerte das Land und drang immer weiter in den Süden vor. Nicht alle Menschen, die mir unterwegs begegneten, wussten etwas über Bruder Franziskus zu sagen, doch je näher ich Perugia kam, desto öfter traf ich auf Menschen, die Geschichten von ihm zu erzählen wussten. Mein Bild von ihm wurde immer glorreicher, immer strahlender und als ich ihm dann endlich gegenüberstand – nun ja, da war ich enttäuscht. Er sah aus wie ein Bettler, schlimmer noch, denn Bettler hatten zuweilen einen kleinen Besitz, von dem sie zehrten. Franziskus besaß wirklich gar nichts, und wenn er einmal mehr bekam, als er essen konnte, dann gab er es sofort an andere Bedürftige weiter. Ich habe nie zuvor einen Menschen gesehen, der die Nachfolge Christi so konsequent lebte wie er.«

»Und doch folgt Ihr nun ebenso nach«, sagte ich leise.

»Ich versuche es, mein lieber Antonio«, meinte Frater Angelo, »und doch kann ich weder Wunder tun, noch den Vögeln predigen, ohne dass sie davonfliegen.«

Ich meinte zu spüren, wie er im Dunkeln lächelte.

»Nun, wo war ich stehen geblieben?«, fragte Bruder Angelo.

»Bei der großen Enttäuschung, als Ihr Bruder Franz das erste Mal begegnet seid«, half ich ihm.

»Ja, richtig«, begann Frater Angelo von Neuem, »ich folgte also den Erzählungen der Menschen, kam nach Perugia und von dort nach Assisi. Aber ich traf Bruder Franz nicht an. Er war unterwegs nach Süden, um dort den Menschen von Gott zu erzählen. Ich reiste ihm nach und kurz vor Bavagna schließlich an einer Furt des Topino traf ich eine kleine Gruppe fahrender Händler. Unter ihnen war Franziskus. Ich sprach vorhin von Enttäuschung, und dass das reale Bild nicht so war wie meine Vorstellung, und doch verflog meine erste Enttäuschung über sein Aussehen augenblicklich, als ich ihn reden hörte. Da war ein Glanz in seinen Augen, ein Schein auf seinem Antlitz, als hätte er bereits den Himmel schauen dürfen. Das war purer Glaube, ungefiltert und echt. Wir saßen am Lagerfeuer zusammen und er ließ mich teilhaben an den Geschichten seines Herrn. Er erzählte von Jesus, der selbst nichts hatte und dennoch aus fünf kleinen Broten und zwei Fischen ein Mahl für fünftausend Menschen bereitete, der Blinde sehend machte, Lahme wieder gehend, der unreine Geister vertrieb und sogar einen Toten wieder zum Leben erweckte. Natürlich hatte ich in Predigten manche dieser Geschichten bereits gehört, doch sie schienen aus seinem Mund wahrhaftiger, realer. Als wäre er dabei gewesen, erzählte er von Jesus, der sich von Maria Magdalena die Füße und das Haupt salben ließ und erzählte von Jesus, der seinen Jüngern diente und ihnen selbst die Füße wusch, erzählte von Jesus, der seinem Verräter vergab und vertrauensvoll, seinen Blick auf Gott gerichtet, den Weg ans Kreuz ging.«

Bruder Angelo atmete schwer. Er war in einen Redefluss geraten, der ihm fast den Atem nahm.

»Ach, mein Sohn«, wisperte er erschöpft, »das ist ja schlimmer als ein Rennen den Hügel hinauf! Aber wenn mich das Feuer und der Rausch packt, dann ist kein Halten mehr.«

Er rutschte etwas auf dem Heu hin und her und legte sich hin. Ich dachte schon enttäuscht, dass Bruder Angelo seine Erzählung beendet hatte, doch er hatte sie nur unterbrochen.

»Ich blieb bei ihm und begleitete ihn auf seiner Reise«, hob Bruder Angelo an, als er wieder zu Atem gekommen war, »und schon am nächsten Tag wurde ich Zeuge seines unerschütterlichen Glaubens. Als wir uns Bevagna näherten, kamen wir an einem Ort vorbei, an dem sich viele verschiedene Vögel versammelt hatten. Alle Sträucher und umstehenden Bäume waren voll davon.

›Sieh mal, Angelo‹, hatte Bruder Franz da zu mir gesagt, ›unsere Brüder, die Vögel, sind zusammengekommen, um Gottes Wort zu hören!‹ Ich lachte über diesen offensichtlichen Scherz, doch ich wurde ganz schnell still. Bruder Franziskus trat auf die Sträucher und Bäume zu, in welchem die Vögel saßen, und augenblicklich verstummte das Gezwitscher. Die Vögel saßen ganz still auf ihren Zweigen und wandten dem Bruder ihre Köpfe zu. Und was tat Franz? Er begrüßte sie, als könnten sie ihn verstehen und sprach: ›Meine lieben Brüder Vögel, was müsst ihr doch den Schöpfer loben, der euch die Federn und Flügel gab zum Fliegen durch die Lüfte.«

Ich erwartete jeden Moment, dass die Vögel ängstlich davonflatterten, wie sie es normalerweise taten, wenn sich ihnen ein Mensch näherte. Doch diese Vögel blieben an Ort und Stelle. Sie blickten Franziskus aufmerksam an und bezeugten dann ihre Freude, indem sie dem Bruder ihre Hälse entgegenreckten, die Schwingen ausbreiteten und die Schnäbel öffneten. Und Franziskus schritt mitten durch sie hindurch, berührte mit dem Saum seiner Kutte ihr Gefieder, ließ es zu, dass sie sich auf ihn setzten und dann schlug er das Kreuz und sprach den Segen über sie. Erst dann flogen sie auf, zwitscherten laut und flogen davon.

›Sind unsere Brüder uns nicht ein gutes Vorbild?‹, fragte er mich. ›Sie säen nicht, sie ernten nicht und doch ernährt sie unser himmlischer Vater.‹ Ich kann dir sagen, Antonio, ich war überrascht, ja fast geschockt. Was musste das für ein Mensch sein, bei dem die scheuen Vögel blieben und seinen Worten lauschten. Sie hatten keine Furcht vor ihm, sie flogen nicht davon, sondern ließen sich sogar auf seine Hände, Arme und seinen Kopf nieder.«

Ich hatte beim Zuhören fast das Atmen vergessen und sog jetzt scharf die Luft durch die Nase ein. Ich konnte kaum glauben, was ich da hörte, doch plötzlich wurde meine Unruhe wieder stärker und Hoffnung breitete sich in mir aus, wie das wohlige Gefühl, wenn man vom Kalten herein ins Innere des Hauses trat und eine heiße Brühe trank.

»Meint Ihr, Bruder Angelo«, fragte ich mit zitternder Stimme, »dass er auch mit anderen Tieren sprechen und ihnen von Gott erzählen kann?«

»Du denkst da sicher an deinen Wolf«, erwiderte Frater Angelo mit schläfriger Stimme, »wenn ich eins gelernt habe in den letzten Jahren, dann, dass viel mehr möglich ist, als es einem erscheint. Der Glaube ist es, der es möglich macht …«

Die letzten Worte hatte der Bruder fast nur noch genuschelt. Ich wollte ihn noch so viel fragen, aber ein leises Schnarchen verriet mir, dass Bruder Angelo wieder eingeschlafen war.

Auch ich fand wieder in den Schlaf, beschwingter jetzt und ich träumte auch nicht mehr so düster. Ich hörte wieder eine Stimme, die nach mir rief und ich wusste genau, dass ich mich auf die Suche nach ihr machen musste. Meine Reise würde morgen beginnen, dachte ich noch, dann war ich eingeschlafen.

***

KAPITEL 6

EIN ENTSCHLUSS WIRD GEFASST

Die neue Woche begann mit einem Hagelschauer. Eiskörner prasselten aus einem grauen Himmel und bedeckten in Sekundenschnelle alles mit einer kalten, weißen Decke. Es war so kalt an diesem Morgen, dass die Eiskörner liegen blieben und nicht schmolzen. Ich stand in meinen Fellüberwurf gehüllt am Bach und füllte die Eimer. Die frostige Luft brannte auf meinen Händen und auf meinen Wangen. Doch im Osten kroch bereits die Sonne höher und schickte die ersten Strahlen durch die winterliche Luft auf unseren Hof hinunter. Es prickelte auf meiner Haut und ich sog die eiskalte Morgenfrische tief durch meine Nase ein. Der Monte Ingino bekam eine rote Spitze, die sich allmählich golden färbte, während ich immer noch am Bach stand und vor mich hinträumte.

Die Morgenarbeit war schnell getan. Ich hatte Vater wie vermutet schlafend im Schaukelstuhl vorgefunden und hatte ihn schlafen lassen. Ich war hinausgeschlichen, hatte die Schafe gefüttert, Holz für den Kamin in den Korb gefüllt und musste jetzt nur noch frisches Wasser in die Tränken gießen. Mein Herz war freier, mein Geist und meine

Gedanken konnten fast fliegen. Ich hatte einen Entschluss gefasst. Jetzt musste ich nur noch sehen, wie ich ihn meiner Familie mitteilte.

Ich würde mich auf die Suche nach Bruder Franziskus machen und ihn bitten, nach Gubbio zu kommen, um mit dem Wolf zu sprechen. Wenn es wirklich stimmte, und warum sollte ich Frater Angelo diese Geschichte nicht glauben, dass Bruder Franz den Vögeln gepredigt hatte, dann bestand doch auch die Hoffnung, dass er einem Wolf predigen und ihn zur Vernunft bringen konnte, oder etwa nicht?

Dieser kleine Funke hatte sich in der letzten Nacht entzündet und jetzt glomm und schwelte er in meinem Herzen. Er wuchs und nagte in mir und ich wusste es so sicher, wie ich meinen Vornamen kannte, dass es für mich nur diesen einen Weg gab, um Gewissheit zu erlangen und mit mir und dem Wolf Frieden zu schließen.

Ich griff nach den Eimern, die im Bach an einem Seil baumelten und zog sie, gefüllt mit klarem Wasser, wieder heraus. Mein Entschluss stand also fest. Wie sollte ich es aber Vater sagen? Er wäre dann mit allem allein. Er musste sich um die Schafe kümmern, um den Hof und um meine Geschwister. Er wäre auch mit der Bedrohung durch den Wolf allein, denn der gute alte Meppino war wirklich kein großer Jäger mehr.

Vielleicht konnte Tozzo helfen? Hatte Tozzo nicht erst im letzten Jahr zu mir gesagt: ›Antonio, mein Junge, wenn du einmal einen Gefallen vom alten Tozzo brauchst, zögere nicht, mich zu fragen. Ich werde mich für deine Hilfe heute zu revanchieren wissen!‹

Tozzo war im letzten Sommer so übermütig gewesen

und wegen einer Ziege in die Bottaccione-Schlucht gestiegen. Er war zwar immer noch von guter Statur, aber er war nicht mehr der Jüngste und selbst für uns kräftige Jungen, die an das Klettern und Hangeln gewöhnt waren, wenn wir einer Ziege oder einem Schaf nachsteigen mussten, war die Bottaccione-Schlucht eine echte Herausforderung. Fast senkrecht stürzten die Wände der Schlucht in die Tiefe und es gab nur wenig Halt. Ich war mit Tozzo zusammen unterwegs vom Monte Ingino zum Monte Calvo, an dessen Hängen im Sommer die besten Kräuter wuchsen. Traditionell schlossen sich mein Vater und Tozzo zusammen, um für zwei Wochen die Herden hinaufzutreiben. Im letzten Jahr wollte Vater Mutter nicht mehr allein lassen, da sie schwanger war, und erachtete mich für alt und umsichtig genug, unsere Herde die Hänge hinaufzutreiben.

Tozzo hatte meinem Vater versichert, dass er selbst auch mitgehen und nicht nur einen seiner Knechte schicken würde. Die Gefahr durch den Wolf war hier oben geringer, da er weniger Deckung hatte, doch das Gelände war unübersichtlich, die Wege steil und gefährlich. Und der Nebel kam so plötzlich, dass man noch in einem Moment in der Sonne stand und beim Umdrehen schon von den kalten Schwaden verschluckt wurde.

Tozzo hatte mich also mit seiner Herde bei uns am Hof abgeholt. Gemeinsam mit seinem Sohn Giovanni und dem Knecht Stefano, der damals noch lebte, hatten wir uns auf den Weg gemacht. Isabella hatte ihren Mann bis zu unserem Hof begleitet und auch mir einen prall gefüllten Proviantbeutel überreicht. Es waren frisches Brot, Käse, Dörrfleisch und Äpfel darin. Dann war sie in der Hütte verschwunden, gewiss um Mutter und Bianca über alle neuen Schmerzen und Wehleiden, die sie ereilten, auf dem Laufenden zu halten.

Der Aufstieg war jedes Mal mühevoll und ich musste sehr achtgeben, keines der Schafe zu verlieren, besonders nicht die jungen Lämmer, die übermütig überall herumsprangen. Aber ich schaffte es mit Stefanos Hilfe, meine Tiere zusammenzuhalten und unbeschadet den Berg hinaufzutreiben.

In der zweiten Woche war dann Matteo, Seppos jüngster Sohn, zu uns gestoßen und hatte Tozzo um Hilfe gebeten. Der Wolf habe in den Hügeln wieder schlimm gewütet und gleich drei Tiere aus Seppos Herde gerissen. Da wir ohnehin bald aufgebrochen wären, schickte Tozzo seinen Sohn und seinen Knecht mit Matteo voraus, um Jagd auf den Wolf zu machen und trieb mit mir zusammen die Herden wieder ins Tal. Für Stefano war das eine verhängnisvolle Entscheidung gewesen, da er in jenem Sommer den Kampf gegen den Wolf verlor und auch für den alten Tozzo hätte es fast das Aus bedeutet.

So wie wir Renata, unser bestes Mutterschaf, hatten, hatte Tozzo Annabell. Sie war seine älteste und beste Ziege, die verlässlich jedes Jahr ein Zicklein warf und wie Tozzo zu sagen pflegte, die beste Milch lieferte. Annabell mochte verlässlich ein Zicklein nach dem anderen gebären, sie war jedoch aufgrund ihres Alters nicht mehr so verlässlich auf ihren Beinen wie in den Jahren zuvor. Sie war in einem unbedachten Augenblick in die Schlucht gerutscht. Tozzo hatte es nicht übers Herz gebracht, sie dort unten in der senkrechten Wand zurückzulassen und war, entgegen meiner Einwände, zu ihr hinuntergestiegen. Und, was soll ich sagen? Er brach sich bei dem Versuch seine Ziege zu retten ein Bein und stauchte sich die rechte Hand. Er hatte nach einem Felsvorsprung gegriffen, sich verschätzt und war abgerutscht. Fast auf gleicher Höhe zu seiner Ziege war er aufgeschlagen und stöhnend liegen geblieben. Dass er nicht ganz in die Tiefe gefallen war, hatte er dem unglaublichen Glück zu verdanken, auf eine Steinnase gefallen zu sein, die etwas aus der Wand herausragte, die gleiche eben, auf der Annabell stand. Annabell ihrerseits, von dem heftigen Aufschlag ihres Herren aufgeschreckt, war voran gesprungen, von einem noch so winzigen Felsvorsprung zum nächsten und hatte in nur wenigen Sekunden die rettende Anhöhe der Schlucht erreicht. Wie die Ziegen das immer schafften, selbst an einer senkrechten Wand hinaufzuklettern, ist mir bis heute ein Rätsel, doch Annabell war gerettet, ihr Herr war es nicht.

Tozzo lag bewusstlos auf dem kleinen Stück Felsen und die Gefahr war groß, dass er hinabrutschte. Kurzentschlossen hatte ich mein Seil aus dem Beutel gezogen, es mir um den Leib gebunden, wie Vater es in meiner Kindheit immer getan hatte, wenn wir in Perugia unterwegs gewesen waren, und schlang das andere Ende um einen Felsbrocken. Vorsichtig kletterte ich die senkrechte Wand hinunter, Stück für Stück, bis ich den armen Tozzo erreicht hatte. Er war immer noch bewusstlos, ließ sich aber durch meine Ansprache wecken.

»Sind dir Flügel gewachsen, lieber Antonio?«, hatte er mit flimmerndem Blick gefragt.

»Die Flügel der Morgenröte!«, hatte ich gelacht. »Wie geht es dir, Tozzo? Kannst du aufstehen?« Doch ein Blick auf sein Bein verriet mir, dass er es nicht konnte. Es lag verdreht unter ihm. Und auch seine Hand sah nicht gut aus, die Knöchel waren blau und dick. »Vorsicht, jetzt, auch du bekommst nun Flügel!«

Ich hob ihn sachte an und band ihm mein Seil um den Leib. Dann kletterte ich ungesichert die Felswand wieder hoch. Es fühlte sich an wie Stunden und ich musste mich immer wieder zwingen, nicht in die Tiefe zu starren. Sie zog an mir, rief nach mir, doch ich hielt den Blick nach oben gerichtet, bis ich mich über den Rand geschoben hatte.

»Es geht los, Tozzo, jetzt lernst du fliegen!«, hatte ich gerufen und dann an dem Seil gezogen. Die Beine fest gegen den Felsbrocken gestemmt, zog ich Tozzo Stück für Stück nach oben. Er half, so gut er konnte mit und doch hing sein ganzes Gewicht an meinen Armen, meinen Schultern, meinem Rücken. Meine Glieder brannten wie Feuer und meine Muskeln schienen zu reißen. Aber ich schaffte es.

Tozzo erklomm den Rand und wir beiden blieben eine kleine Ewigkeit atemlos in der Sonne liegen. Dann war ich aufgesprungen und hatte einen Stock gesucht, um Tozzos Bein zu schienen. Seine Hand wickelte ich in ein Tuch. Als ich ihn auf meinem Rücken die letzten Hänge ins Tal hinuntertrug, hatte er dankbar gewispert: ›Antonio, mein Junge, wenn du einmal einen Gefallen vom alten Tozzo brauchst, zögere nicht, mich zu fragen. Ich werde mich für deine Hilfe heute zu revanchieren wissen!‹

Unten im Tal war uns Giovanni entgegengekommen, der sich gewundert hatte, wo wir mit den Tieren solange blieben. Er hatte eine Trage vom Hof geholt und seinen Vater nach Hause gebracht. Vier Wochen lang hatten wir Tozzo nicht in der Kirche gesehen und Isabella hatte ausnahmsweise einmal nicht über ihre Schmerzen geklagt, sondern ausgiebig über Tozzos Verletzungen dramatisiert.

Am fünften Sonntag war dann Tozzo humpelnd am Arm seines Sohnes wieder zum Gottesdienst erschienen. Er hatte mir zugezwinkert und sein Versprechen erneuert. Ich solle ruhig sagen, wenn ich etwas von ihm bräuchte, er würde meine Mühe und meine Hilfsbereitschaft mit dem gleichen Maß und noch mehr vergelten.

Jetzt war der Zeitpunkt gekommen. Ich lächelte in mich hinein, hob die Eimer hoch und trug sie beschwingt zu den Tränken. Die Tür der Hütte ging auf und Bianca rief nach mir.

»Frühstück, großer Bruder«, sagte sie, »es ist noch Rahm von gestern da!«

Ich ließ die leeren Eimer am Pferch stehen und folgte ihr ins Warme. Wenn es so frostig bleiben würde, mussten wir die Herde nicht auf die Hänge treiben, der Himmel hatte zu viel Eis gespuckt.

Vater kniete am Kamin und stocherte mit einem Stab in der Glut, Mutter saß mit Alanso im Schaukelstuhl und Bianca deckte den Tisch. Als ich die Hütte betrat, kam Bruder Angelo die Treppe herunter und begrüßte alle mit einem Segen.

»Ich habe herrlich geschlafen«, sagte er munter, »auch wenn für kurze Zeit der Wolf durch meine Träume huschte.«

Bianca warf mir einen vielsagenden Blick zu.

»Der Wolf war heute Nacht unterwegs«, sagte Vater, »nur weiter nördlich. Sein Heulen war eine Zeit lang zu hören gewesen. Aber er war zumindest keine Gefahr für unsere Tiere.

Sie standen ruhig, als ich nachgeschaut habe. Hoffentlich war er nicht bei Tozzo und hat dort gewütet.«

Vater stand auf, legte den Stock beiseite und trat auf den Tisch zu. Er wollte sich gerade hinsetzen, als ein Rufen von draußen klang und uns aufschreckte. Der Stimme nach war es Matteo, Seppos Sohn, der laut nach uns rief. Vater war mit ein zwei großen Schritten an der Tür und riss sie auf. Matteo kam durch die letzten Bäume auf unseren Hof getorkelt. Er hielt sich den rechten Arm an den Hals. Der linke Arm hing blutig an seinem Körper herab, als sei er ein totes Stück Fleisch. Matteos Augen waren schreckgeweitet und sein Gesicht totenblass.

»Luca«, rief er noch einmal, dann brach er auf dem Kies unseres Hofes zusammen. Meine eben noch empfundene beschwingte Vorfreude, Abenteuerlust und Aufbruchsgewissheit war wie weggewischt. Mein Vater lief eilig auf Matteo zu und kniete sich neben ihn. Auch Bianca hatte ihre Holzschalen stehen gelassen und eilte zu Matteo hinaus.

Ich stand wie gelähmt auf der Türschwelle und konnte mich mal wieder nicht bewegen. Unruhig und instinktiv suchten meine Augen das Unterholz des nahen Waldes nach dem Wolf ab. Frater Angelo trat hinter mich, legte mir die Hände an die Schultern und drückte mich sachte beiseite.

»Lass mich einmal vorbei«, sagte er sanft, »vielleicht kann ich helfen! Im Krieg habe ich viele Verletzungen gesehen.« Ich hörte Biancas klare Stimme durch die frostige Luft, die Anweisungen rief, und endlich erwachte ich aus meiner Starre. Ich rannte zum Schrank, zog einige Tücher hervor und sagte zu Mutter, die mich fragend anschaute: »Es ist Matteo, Mutter, er scheint verletzt zu sein!«

76

Dann war auch ich draußen, doch meine Knie wollten sich nicht beugen. Ich stand wie zu Eis erstarrt da und konnte mich nicht niederlassen. Mir wurde übel, als ich Matteo aus der Nähe sah. Wie konnte Bianca das ertragen? Schon früher hatte ich bemerkt, dass es meiner jüngeren Schwester überhaupt nichts auszumachen schien, wenn sie Blut sah oder Menschen hörte, die sich vor Schmerzen krümmten und schrien. Sie hatte Maria beigestanden, als sie sich den Arm gebrochen und der Knochen aus dem Fleisch geragt hatte, sie hatte eine ausgerenkte Schulter wieder eingerenkt, Verbrennungen mit Salbe beschmiert, einen abgerissenen Finger, Schürfwunden, Stichverletzungen und Brüche versorgt. Auch mit der Hebamme des Ortes war sie zuweilen unterwegs, hatte geholfen, Kinder zur Welt zu bringen, egal, ob sie auf natürlichem Wege an ihr Ziel fanden oder aus dem Bauch herausgeschnitten werden mussten. Immer schien sie zu wissen, was sie tat. Sie war ruhig, besonnen und packte an den Stellen an, an denen es Not tat. Jetzt kniete sie neben Matteo, sprach beruhigend auf ihn ein, wies aber gleichzeitig Vater und Frater Angelo an, ihn fest auf den Boden zu drücken, während sie die Wunden abtastete und in Augenschein nahm. Matteo schrie, wimmerte, dann flatterten seine Augen und er sank in Ohnmacht.

»Wahrscheinlich besser so«, sagte Frater Angelo und lockerte den Griff.

Dann half er Bianca dabei, die schwere Jacke aufzuklappen und von Matteo herunterzuziehen. Matteos Hals war aufgerissen und blutete stark und auch aus seinem linken Arm sprudelte heißes, rotes Blut. Der weiße Boden unter Matteo färbte sich rot und wieder musste ich würgen.

»Antonio«, drang die feste Stimme meiner Schwester an mein Ohr und in mein Bewusstsein, »gib mir die Tücher. Und dann geh und erhitze sauberes Wasser im Kessel. Ich muss die Wunden auswaschen und schnellst möglichst verbinden.«

Ihre kleinen Hände tasteten unbeirrt weiter Matteos Körper, seine Haut, seine Knochen, die Muskeln ab und verschafften sich einen Überblick.

Ich ließ die Tücher los und drehte mich um, dankbar eine Aufgabe zugewiesen bekommen zu haben, die ich auch erledigen konnte.

»Bitte, Frater Angelo«, hörte ich meine Schwester sagen, »würdet Ihr so freundlich sein und den Arm hier oben mit eurer Kordel abbinden? Dann ist die Blutung weniger stark und ich kann die Wunden besser reinigen.«

Mit hölzernen Schritten stakste ich auf die Hütte zu, griff nach der Wasserschüssel und füllte sie. Dann stürzte ich zum Kamin und hängte den schweren Kessel über die Flammen.

Einen Augenblick später hörte ich Vater die Hütte betreten.

»Es sieht übel aus«, flüsterte er an Mutter gewandt.

»War es der Wolf?«, fragte sie fast ebenso leise.

Ich sah Vater aus den Augenwinkeln heraus nicken. Sein Gesicht wirkte müde und alt.

»Ich brauche Verbandszeug und Faden«, setzte Vater hinzu, »Matteo hat viel Blut verloren. Bianca sagt, dass es auf Messers Schneide steht.«

Mutter erhob sich mit Alanso auf dem Arm und schritt zu einer kleinen Kommode, in der immer frisches weißes Tuch lag, eine Hornnadel und Tiersehnen. Das war Biancas kleine Grundausstattung, die bei Notfällen eingesetzt wurde. All das reichte sie Vater.

Er lief damit nach draußen und kam dann erneut in die Hütte. Er holte zwei warme Wolldecken und zwei Schaffelle.

»Bianca wird Matteo draußen behandeln«, erklärte er, »sie meint, er dürfe jetzt nicht bewegt werden. Ist das Wasser schon heiß, Antonio?«

Ich blickte in den Kessel und nickte.

»Ich bringe es sofort«, sagte ich.

Vater ging hinaus und ich folgte einige Sekunden später mit der Schüssel. Das heiße Wasser dampfte in der frostigen Luft. Erneut erschrak ich, als ich Matteo sah. Frater Angelo und Bianca hatten ihn ganz und gar entkleidet und auf die Felle und Decken gelegt, die Vater gebracht hatte. Nicht einmal seine Scham hatten sie bedeckt, denn ein langer Riss führte unterhalb seiner Rippen bis hinunter in seinen Schritt. Biancas Hände, jetzt ebenso blutig, wie Matteos Körper, glitten hinab und pressten ein frisches Tuch auf die Wunde. Frater Angelo hatte seine Hände in die Halswunde gelegt und versuchte die Blutung dort zu stillen. Der Arm war bereits eingepackt, doch das weiße Tuch tränkte sich immer mehr mit Matteos Blut.

Vater war dabei, ein Feuer zu entfachen, damit Matteo gewärmt wurde.

»Schnell«, rief mir Bianca zu, »bring mir das Wasser!«

Obwohl ich wieder würgen musste, gehorchten mir meine Beine und Füße zum Glück dennoch. Ich stellte die Schüssel ab und half Vater, Brennholz zu holen.

Immer wieder wagte ich einen Blick auf Bianca, die nun still arbeitete und ihren Händen befahl, das Richtige zu tun.

Sie weitete vorsichtig den Riss, wusch ihn aus und stopfte dann sauberes Verbandszeug hinein, flink umwickelte sie dann den Bauch, indem sie Matteo immer wieder leicht anhob und niederließ, wenn sie um seine Taille wickelte.

Danach widmete sie sich dem Arm, nahm das blutgetränkte Tuch ab, drückte mit einer Hand fest die Wunde zu und wusch mit der anderen vorsichtig alles sauber. Dann legte sie auch hier frisches Verbandmaterial in die Wunde, drückte einen Holzstock darauf und umwickelte den Stock und den Arm, sodass der Druck des Stockes die Blutung stillen konnte.

Erst zum Schluss betrachtete sie Matteos Hals und Gesicht. Ihre Augen wurden feucht. Tränen liefen ihr die Wangen hinunter.

»Er war ein so schöner Mann«, weinte sie leise. Dann richtete sie sich auf, atmete tief ein und schob Frater Angelos Hände beiseite.

»Willst du seine Wunden nicht nähen?«, fragte Frater Angelo.

»Noch nicht«, erklärte sie, »Tierbisse sind unrein und ich möchte nicht das Unreine mit einnähen. Wir werden zwei Tage warten und die Wunden säubern, danach werden wir weitersehen.«

Frater Angelo nickte zustimmend.

Dann fuhren wir alle vor Schreck zusammen. Matteo war ganz plötzlich zu Bewusstsein gekommen, riss die Augen weit auf und schrie wie von Sinnen.

»Giovanni, Giovanni«, rief er immer wieder, bäumte sich auf und wehrte sich gegen den kräftigen Griff von Frater Angelo und Vater, der eilends zu Hilfe gekommen war.

Nach nur wenigen Sekunden, die mir erschienen wie eine kleine Unendlichkeit, sank Matteo erschöpft wieder auf den Boden und hinein ins Vergessen.

Ich starrte Vater an. Er dachte das Gleiche, denn er sprang auf die Füße und packte mich am Arm.

»Sohn«, sagte er, »komm mit, wir müssen sofort nach Giovanni suchen und Tozzo und Seppo Nachricht geben!«

Wir sagten Mutter Bescheid und liefen dann durch den schweigenden Wald den Pfad entlang zur Brücke und weiter. An der Gabelung trennten wir uns. Ich lief weiter zu Seppos Hof, um ihm zu sagen, dass Matteo verletzt war, aber bei uns von Bianca versorgt wurde. Vater lief noch anderthalb Kilometer weiter nördlich zu Tozzos Anwesen, um sich nach Giovanni zu erkundigen oder ihn notfalls gemeinsam zu suchen. Ich sollte weitere Hilfe aus dem Dorf holen und dann nachkommen.

Seppo und sein älterer Sohn Ricardo waren sofort aufgebrochen, um nach Matteo zu schauen. Ich war nach Gubbio hineingelaufen und hatte Lorenzo und Pietro geholt, zwei gute Freunde meines Vaters, die uns schon mehr als einmal gegen den Wolf zur Seite gestanden hatten. Völlig außer Atem kamen wir auf Tozzos Hof an. Wir fanden nur Isabella vor, die aufgelöst in der Tür stand und weinte. Sie erzählte uns, dass alle Männer aufgebrochen waren, um nach Giovanni zu suchen.

»Nicht mein Sohn«, schluchzte sie, »bitte, Herr im Himmel, nicht mein Sohn!« Ich legte ihr einen Arm um die bebenden Schultern und versuchte sie zu trösten. Im Leid, dachte ich, waren wir Menschen doch alle gleich, egal, was man sonst gegeneinander hat.

Lorenzo und Pietro wandten sich um und wollten gerade aufbrechen, um sich an der Suche nach Giovanni zu beteiligen, als die suchenden Männer müden Fußes den Hügel heraufkamen. Giovanni war unter ihnen. Er weinte und ging gebeugt, aber er lebte und schien, zumindest körperlich, nicht nennenswert verletzt zu sein. Tozzo stützte ihn und auch Vater half ihm bei jedem Schritt. Tozzos Knechte hatten Stöcker und Forken in der Hand und säumten die drei ab wie einen Schatz.

Isabella schrie auf und lief der Gruppe entgegen. So schnell hatte ich sie nie laufen sehen. Sie umarmte ihren Sohn und weinte und dankte Gott, dass er lebte und auch Giovanni weinte und schluchzte laut. Merkwürdigerweise fand ich das in diesem Moment überhaupt nicht albern oder beschämend, wie ich das noch vor einigen Tagen bei meinem eigenen Versagen empfunden hatte. Und endlich konnte ich all die Worte verstehen und begreifen, die an mich gerichtet worden waren. Ich hatte dem Wolf nichts entgegenzusetzen gehabt, aber das war tatsächlich nichts, wofür man sich schämen brauchte, wenn selbst so gestandene Männer wie Giovanni und Matteo, die auch noch zu zweit gewesen waren, ihn nicht hatten besiegen können. Bei Stefano hatte ich immer im Stillen gedacht, dass er zwar stark gewesen sei, aber eben nicht so schlau.

Doch nun wurde ich eines Besseren belehrt. Ich machte mir endlich keine Selbstvorwürfe mehr und der Entschluss, etwas gegen diese Bestie zu unternehmen, war jetzt in Stein gemeißelt. Ich würde mich davon nicht mehr abbringen lassen, nach Bruder Franz zu suchen und ihn zu bitten, mit dem Wolf zu sprechen.

Als endlich alle am Haus angekommen waren, hörte ich Vater sagen:

»Mach dir keine Sorgen, Giovanni. Matteo ist in guten Händen. Bianca kümmert sich um ihn.«

»In den besten Händen, will ich meinen«, sagte Tozzo, »Bianca versteht es, die Menschen gesund zu machen!«

Giovanni blickte Vater an und Hoffnung trat in seine Augen. Dann gaben seine Knie nach und sein Körper sackte schlaff zusammen. Schnell griffen die Männer zu und brachten ihn ins Haus.

»Komm mit, Antonio«, sagte Vater, »lass uns nach Hause gehen!«

Pietro und Lorenzo begleiteten uns.

»Was ist da draußen geschehen?«, hob Pietro an. »Magst du es uns erzählen, Luca?«

Mein Vater blickte lange auf den Weg, der vor uns lag. Ich dachte schon, er hätte die Frage überhört, doch dann begann er schließlich zu erzählen.

»Der Wolf war tatsächlich in der letzten Nacht an Tozzos Hof herangeschlichen. Ich hatte ihn in der Ferne gehört, sein Heulen war aus Norden gekommen und ich hatte noch bei mir gedacht, dass er hoffentlich nicht bei Tozzos Herden wüten würde. Das hatte er auch nicht, dennoch war er um den Hof geschlichen und hatte die Tiere unruhig werden lassen.

Matteo, der nach einem vergnüglichen Abend bei Giovanni geblieben war, war mitten in der Nacht davon wach geworden. Er hatte Giovanni geweckt und beide sind, ohne ein Wort zu sagen, in die Nacht gelaufen, um den Wolf zu jagen und zu erlegen. Sie hatten etwas viel vom roten Wein gekostet und sicher war ihr Geist übermütig. Giovanni erzählte, dass sie beide fest daran geglaubt hatten, den Wolf gemeinsam erlegen zu können und dann als Helden in Gubbio gefeiert zu werden.

Sie waren dem Heulen des Wolfes also in die Schatten gefolgt und hatten ihn, wie sie dachten, in die Enge getrieben. Doch es war, wie sie mit Schrecken feststellen mussten, genau andersherum gewesen. Sie waren bis zur Steilwand hinaufgestiegen – immer noch im Glauben, den Wolf vor sich zu haben –, dann würde er in der Falle sitzen, denn die Wand in seinem Rücken konnte er nicht erklimmen. Die Seiten waren abgrundtief und die jungen Männer standen mit ihren schweren Knüppeln und Lanzen den Weg zum Wald abschneidend da und würden ihn nicht durchlassen. So war der Plan. Dann jedoch war der Wolf von hinten gekommen, er musste heimlich einen Bogen geschlagen haben, hatte sich ohne Vorwarnung auf Matteo gestürzt und ihn niedergerissen. Giovanni erzählte, dass er durch die Wucht des Angriffes zur Seite gestürzt und zwischen die Felsen gerollt war. Er hatte Matteos Schreie gehört, hatte gesehen, wie ihn der Wolf am Hals gepackt hatte und wegzerrte, wie Matteos Arme wie die einer Marionette hin und her geschlenkert waren ohne Kraft, ohne Willen. Dann war Giovanni auf die Füße gekommen, hatte nach einem Stein gegriffen und ihn auf den Wolf geschleudert. Er hatte ihn angeschrien und versucht, ihn von Matteo abzulenken. Offenbar in der Annahme, auch in Giovanni ein leichtes Opfer gefunden zu haben, hatte der Wolf tatsächlich von Matteo abgelassen und war auf Giovanni zugesprungen.

Und was dann geschah, war pures Glück, wie Giovanni immer wieder versicherte. Im Sprung hatte er den Wolf mit seinem Knüppel erwischt, sodass dieser ins Straucheln geraten und einen kleinen Abhang hinuntergerutscht war. Giovanni hatte die Gelegenheit genutzt und den verletzten Matteo auf der anderen Seite den Hang hinabgestoßen. Die Zweige eines Baumes, der dort aus der Wand herausragte, hatten seinen Fall aufgefangen und ihn sicher festgehalten. Dann war Giovanni weggelaufen, vor dem Wolf davon und hatte sich in allerletzter Sekunde auf einen Felsen retten können, auf den der Wolf nicht hatte hinaufspringen können. Minutenlang war der Wolf um ihn herumgeschlichen, humpelnd, dort, wo Giovanni ihn getroffen hatte, knurrend, mit blitzenden Augen. Dann hat er sich offenbar an sein erstes Opfer erinnert und ist den Hang hinauf und zurückgelaufen. Giovanni hatte sich vor Angst nicht bewegen können, die ganze Zeit im Ungewissen darüber, was mit seinem Freund geschehen war, ob er sich hatte in Sicherheit bringen können. Und wir haben ihn genau dort vorgefunden. Oben an der Steilwand, auf einem hohen Felsbrocken kauernd und weinend, halb erfroren zwar, aber lebend.

Was in der Zwischenzeit mit Matteo geschehen ist, können wir nur vermuten, solange er noch nicht wieder bei Bewusstsein ist und es uns selbst berichten kann. Aber ich gehe davon aus, dass er, als er noch bei Kräften war, von dem Baum heruntergeklettert und dann den steilen Abhang hinabgerutscht und geflohen ist. Der Wolf, durch Giovannis Schlag selbst verletzt, wird die Verfolgung abgebrochen haben.«

»Kein Dämon«, flüsterte ich.

»Was sagst du da, Antonio?«, fragte Pietro.

»Ach, nichts«, erwiderte ich kleinlaut, »nur etwas, das

Bianca zu mir sagte, als ich mir Vorwürfe wegen meines Versagens machte. Der Wolf selbst sei kein Dämon, sagte sie, er erscheint uns nur so übermächtig, weil er so stark und schlau ist. Aber heute hat auch er einen Fehler gemacht, und er ist verletzbar, wie wir sehen.«

Die Männer schwiegen. Immer noch schweigend erreichten wir die Weggabelung. Lorenzo und Pietro verabschiedeten sich und kehrten nach Gubbio zurück.

»Ich halte euch auf dem Laufenden«, sagte mein Vater, »und danke, für eure Hilfe!« Dann folgten Vater und ich dem Weg über die Brücke nach Hause.

Matteo lag immer noch auf Decken und Fellen auf unserem Hof. Seppo und Riccardo saßen neben ihm. Frater Angelo schürte das Feuer und Bianca und Mutter waren nicht zu sehen.

Vater nickte den Männern zu und trat dann an Matteos Lager heran.

»Deine Tochter ruht«, erklärte Frater Angelo, »sie hat großartige Arbeit geleistet. So etwas habe ich selbst bei erfahrenen Heilern nur selten gesehen. Sie war umsichtig, strikt und sanft zugleich. Sie weiß, was sie da tut.«

Seppo hob bei diesen Worten seinen Blick und nickte Vater zu.

»Zwei Tage und zwei Nächte«, hat sie gesagt, »dann wissen wir, ob mein Sohn überlebt. Deine Frau betet für ihn. Und auch ich spreche Worte und flehe zum Himmel.«

Noch einmal nickte er uns zu, dann widmete er sich wieder seinen stummen Gebeten. Ricardo hatte eine Hand auf Seppos Rücken gelegt und hielt mit der anderen die Hand seines Bruders fest. Auch er betete.

Ich ging in die Hütte und setzte mich an den Tisch. Eine abgrundtiefe Müdigkeit hatte mich erfasst. Mutter musste mich gehört haben, denn sie trat aus der Schlafkammer heraus und schloss die Tür vorsichtig hinter sich.

»Bianca schläft noch«, sagte sie leise. Dann blickte sie mich fragend an.

»Giovanni?«

»Lebt!«

»Gott sei Dank«, fuhr es aus ihr heraus.

»Er konnte sich auf einen Felsen retten, Mutter«, sagte ich. Dann fügte ich hinzu: »Jetzt verstehe ich auch, warum ich unter einem Schutz gestanden haben muss und begreife endlich eure Freude darüber …«

Mutter lächelte schwach.

»Ich glaube, der Herr hat noch etwas mit mir vor«, fuhr ich jedoch fort, plötzlich wieder an meinen Entschluss von letzter Nacht denkend, »ich glaube, er will, dass ich etwas gegen diesen Wolf unternehme.«

Ich sah, wie Mutter erschrak und fügte schnell hinzu: »Keine Angst, Mutter, ich glaube nicht, dass ich ihn jagen und töten soll. Aber ich denke, dass es eine Lösung gibt. Seit der Ankunft von Frater Angelo bin ich mir sicher, dass die Lösung in seinen Geschichten von Franz von Assisi liegt. Ich muss den Frater finden und ihn hier herholen. Mutter, Frater Angelo hat gestern Nacht erzählt, dass Franziskus den Vögeln gepredigt hat. Was wäre denn, wenn er auch mit dem Wolf sprechen kann? Ich weiß, ich weiß, dass hört sich albern an, aber …«

»Sohn«, unterbrach Mutter mich, »wenn du dir sicher bist, dass dies dein Weg ist, dann musst du ihn gehen.«

Das war Mutter, entwaffnend schlicht.

»Es brennt schon seit gestern in mir«, sagte ich leise, »ich höre manchmal eine Stimme im Traum. Und ich weiß, dass ich ihr folgen muss.«

»Wem musst du folgen, Sohn?«, fragte Vater, der in diesem Moment zur Tür hereinkam.

»Ich muss dem Ruf folgen und Bruder Franz finden«, sagte ich, »ich weiß es genau. Ich werde erst meinen Frieden haben, wenn ich dieser noch so kleinen Hoffnung folge. Aber Vater, ich glaube fest daran, dass Franz von Assisi mit unserem Wolf sprechen und ihn zur Vernunft bringen kann.«

Wie lächerlich sich meine Worte anhörten, als sie so ungefiltert aus meinem Mund purzelten. Und ich konnte es Vater nicht verübeln, dass er lachen musste.

Doch er machte sich nicht lustig, wie ich befürchtet hatte, sondern sagte:

»Mein Sohn, um Himmels willen, geh und suche nach Franziskus. Wenn er die Lösung für unser Problem ist, dann gewähren wir ihm ebenso gerne Unterkunft, Speise und Trank wie Bruder Angelo.«

Das war alles. Mehr sagte er nicht. Mehr war nicht nötig. Hatte ich am Morgen noch gedacht, wie schwer es werden würde, ihn zu überzeugen, hatte noch gegrübelt, welche Argumente, welche Begründungen ich noch vorbringen könnte für meinen Entschluss, so wurde mir jetzt mein eigener Weg zugestanden. Ich war überrascht, aber irgendwie auch wieder nicht. Es war das erste Mal nach meinem Geburtstag, dass ich mich nicht mehr wie ein Kind fühlte.

***

KAPITEL 7

VORBEREITUNGEN

Du kleiner, hässlicher Vogel«, lachte Giovanni und dann hörten wir ihn weinen.

Matteo hatte überlebt. Zwei Tage nach diesem Unglück hatte er die Augen aufgeschlagen und sein zweites Leben begrüßt. Er hatte in der ersten Nacht gefiebert. Während Bianca, Mutter und Bruder Angelo sich abgewechselt hatten, um ihm die Wunden zu waschen und Wasser einzuträufeln, hatte Vater sich um das Feuer gekümmert und es in Gang gehalten. Ich half draußen und ich sah zwischendurch nach Alanso, der – dem Himmel sei Dank – einfach schlief und nicht auch noch unsere Aufmerksamkeit einforderte. Am nächsten Tag hatte Bianca es für besser gehalten, Matteo in die Hütte zu tragen. Vater hatte vor dem Kamin Platz geschaffen und ihn dann vorsichtig hochgehoben und auf die Felle gebettet. Seppo war nicht von der Seite seines Sohnes gewichen, saß in Mutters Schaukelstuhl und wartete auf ein Zeichen der Besserung.

Der erste Morgen begann, wie der letzte Abend endete. Matteo redete im Fieberwahn, warf seinen Kopf unruhig hin und her und rief immer wieder nach Giovanni. Mittags wurden sein Körper und sein Geist dann ruhiger und Bianca bemerkte mit einem zufriedenen Lächeln, dass die Verbände jetzt sauberer blieben und Matteos Stirn nicht mehr glühte.

Sie wusch noch einmal die Wunden aus und griff dann zu ihrer Hornnadel. Das waren die Augenblicke, in denen wir Männer beiseite schauten. Außer Frater Angelo, der an so etwas gewöhnt zu sein schien. Er saß bei Matteo, hielt ihn fest, falls er erwachen würde, während Bianca mit geübten und sicheren Bewegungen seine Wunden verschloss. Die Narben an Brust, Bauch und Arm würden später unter der Kleidung nicht zu sehen sein, aber die Narben am Hals und im Gesicht glühten rot. Zwölf Stiche waren es die Wange hinunter und noch einmal zwölf den Hals und die Kehle hinab.

Bianca trug vorsichtig eine wohlriechende Salbe auf und bedeckte die Wunden mit einem frischen Verband. Nur die Wunde am Gesicht ließ sie atmen, wie sie es nannte.

Abends schaffte sie es, Matteo ein bisschen Brühe einzuflößen und in der Nacht schliefen alle ein wenig, denn Matteo atmete ruhiger und gleichmäßiger. Am zweiten Morgen schlug er die Augen auf, erkannte Bianca, richtete sich auf, ohne auf seine brennenden Wunden zu achten, griff nach ihrer Hand und wisperte: »Giovanni?«

Bianca legte eine Hand auf seine Stirn und erzählte ihm, dass Giovanni lebte und ihm nichts geschehen sei. Matteo sank beruhigt auf die Felle zurück und ab diesem Moment konnte man stündlich sehen, wie seine Genesung voranschritt.

Am Abend kam dann Giovanni mit seinem Vater. Wir verließen für einen Augenblick die Hütte, damit die beiden Freunde ungestört miteinander reden konnten.

»Du kleiner, hässlicher Vogel«, hörten wir Giovanni rufen und dann weinte er.

»Ein hässlicher Vogel vielleicht«, vernahmen wir Matteos Stimme, »aber ein lebendiger. Und immer noch schöner als du, mein Freund!« Und Matteo weinte mit, lange und befreiend.

An diesem Abend war unsere Hütte so voll von Menschen, wie schon lange nicht mehr. Matteo lag auf dem Boden, Giovanni saß neben ihm vor dem Kamin, Seppo saß im Schaukelstuhl, Frater Angelo, Ricardo, Tozzo und Vater saßen am Tisch und Mutter hatte sich einen Schemel herangezogen, um Alanso zu stillen.

Bianca schlief im Nebenraum, sie war erschöpft, aber glücklich und mir wurde aufgetragen, die Tiere zu versorgen. Als ich die Hütte nach getaner Arbeit betrat, hatte Vater aufgedeckt und Brot, Käse, Fleisch, Obst und Kuchen auf den Tisch gestellt. Isabella hatte sich selbst übertroffen.

Wir waren froh, das alles noch einmal so glimpflich ausgegangen war, dennoch war die Stimmung am Tisch weit davon entfernt, heiter zu sein.

Schließlich ergriff Tozzo das Wort: »Wir müssen etwas gegen diesen Wolf unternehmen. Es ist das eine, zwischendurch ein Schaf, einen Bock oder eine Ziege zu verlieren. Aber einen Sohn in Gefahr zu wissen …« Seine Stimme brach ab. Er tunkte etwas Brot in die warme Brühe und kaute bedächtig. Ich suchte Vaters Blick. Mir stand es nicht zu, als Jüngster am Tisch das Wort so früh zu ergreifen, aber ich brannte vor Ungeduld. Vater blickte auf und nickte mir zu.

»Antonio hat euch einen Vorschlag zu unterbreiten«, sagte er, »bitte, hört ihn euch an.«

Alle Augen waren jetzt auf mich gerichtet und mir schoss die Röte ins Gesicht. Dennoch fand meine Stimme schnell zur Festigkeit zurück, während ich sprach: »Bitte, haltet mich nicht für töricht, oder für ein Kind, das noch nicht weiß, wovon es spricht.« Mein Blick suchte Seppo.

»Ich weiß, dass manche von euch das, was ich vorhabe, vielleicht als unnötig, irrsinnig oder sogar töricht erachten, aber seit Frater Angelo hier bei uns weilt und mir von Bruder Franz erzählt hat, habe ich das starke Bedürfnis, ihn suchen zu müssen. Des nachts ruft eine Stimme nach mir und mein Herz sagt, dass ich folgen muss. Ich möchte ihn bitten, hier her nach Gubbio zu kommen, um mit dem Wolf zu sprechen.«

Schweigen. Die Männer sahen mich ausdruckslos an. Nur Bruder Angelo lächelte mir ermunternd zu.

Meine Stimme gewann an Fahrt und ich erlaubte es den Worten, eilig aus meinem Mund zu fallen: »Bruder Franz ist ein Heiliger, bestimmt, ich sag es euch. Er kann Kranke gesund machen, erzählt man, er kann Wunder vollbringen und er hat sogar den Vögeln eine Predigt gehalten. Sie haben ihm zugehört, ohne davonzufliegen.«

Wieder schoss mir der Gedanke durch den Kopf, dass sich die eigenen Worte immer alberner anhörten, wenn man sie laut ausspricht, als wenn man sie nur dachte. Aber es lachte keiner. Selbst Seppo, der nie verlegen darum war, zu spotten oder eine spitze Bemerkung zu machen, blieb ernst und ruhig. Langsam legte er den Holzlöffel hin, den er die ganze Zeit über in seinen Händen gedreht hatte und blickte dann auf.

»Ihr kennt mich alle«, begann er, »vier Söhne habe ich

gehabt und eine liebe Frau. Ich habe bereits Marino an den Krieg verloren und bin nicht gewillt, noch einen Sohn an den Wolf zu verlieren. Wenn es dieser Weg ist, Antonio, der uns Hoffnung gibt, so geh ihn! Und ich werde dabei der Letzte sein, der es wagen würde, darüber zu spotten.«

»Ich habe von euch allen gelernt«, sagte ich leise, »dass es wichtig ist, alles miteinander zu besprechen, das Gute, wie auch das Schlechte, dass alles auf den Tisch muss, bevor man eine Entscheidung trifft. Wenn ich gehe«, und hier suchte ich wieder den Blick meines Vaters, »dann ist Vater mit allem allein, auch wenn es nur wenige Tage sind, die ich gedenke, fort zu sein!«

»Das ist ein wichtiges Argument«, sagte Seppo, »deine Augen, Ohren, Beine und Arme werden sicherlich im Kampf gegen den Wolf fehlen. Und mein eigener Sohn ist so verletzt, dass er gewiss die nächsten vier Wochen ruhen muss. Hinzu kommt, dass eure Herde hinaufgetrieben werden muss, damit die Schafe genug Gras und Kräuter zu fressen bekommen. Auch rückt die Zeit der Lämmer näher …«

»Ich werde das schon irgendwie schaffen«, erwiderte Vater, »ich werde die Tiere ganz einfach nicht so weit hinauftreiben und abends hier an den Hof zurückholen.« Vater war ein stolzer Mann, der nicht gerne zugab, dass er Hilfe brauchte.

Mutter sah ihn an und ergriff seine Hand.

»Und auch ich weiß, wie man Tiere antreibt und einen Hirtenstab hält. Bianca kann sich um Alanso kümmern und ich kann dir helfen!«

»Das fehlt mir noch, dass eine Frau die Arbeit von uns Männern erledigt«, mischte sich Tozzo ein, »was meinst du wohl, was meine Isabella dazu sagen würde? Sie würde mir tagelang keifend im Ohr liegen, wie ich es erlauben konnte, dass ihre beste Freundin, die gute Anna, sich der Gefahr aussetzen muss. Nein, Anna, bewahre. Ich habe da einen besseren Vorschlag.«

Alle sahen Tozzo erwartungsvoll an. Tozzo seinerseits war kein großer Redner, doch wenn er sprach, dann mit Bedacht.

»Im letzten Jahr«, hob er an, »war es nur dem Mut und dem Wagnis eures Sohnes zu verdanken, dass ich den Sturz in die große Schlucht überlebte. An diesem Tag gab ich ihm mein Versprechen, dass ich das wieder gut machen würde. Nun, ich denke, der Zeitpunkt ist gekommen, da ich seine Hilfe mit meiner Hilfe vergelten kann. Ich werde aus Gubbio einen weiteren Knecht einstellen. Der soll zu euch kommen und eure Herde zu unseren Herden treiben. Ein Teil geht zu Seppo, ein anderer Teil zu mir. Du, Luca, kannst dann bei Seppo helfen, solange Matteo noch nicht genesen ist. Des Weiteren schlage ich vor, dass Frater Angelo, wenn er mag, bei Matteo bleibt und ihn weiterhin pflegt, bis er ganz gesund ist. Und zum Schluss noch eins: Wir sollten auch die Zeit der Lämmer abwarten. Sind alle Lämmer geboren und kräftig genug, dass sie wandern können, dann ist auch die Zeit deines Aufbruchs da, Antonio.«

In mir bröckelte die Hochstimmung und Enttäuschung machte sich breit. Ich wusste genau, dass das der beste und auch besonnenste Vorschlag war, den Tozzo da gemacht hatte, er hatte wirklich an alles gedacht und war sogar bereit, einen Knecht zusätzlich zu bezahlen, um mich zu vertreten. Dennoch war ich unzufrieden, wäre ich doch in meiner eigenen Vorstellung am liebsten sofort, spätestens aber am nächsten Morgen aufgebrochen.

Meine Enttäuschung schien mir ins Gesicht geschrieben, denn Tozzo hob erneut an: »Ich weiß, dass die Jugend, und ich spreche nun mit Seppos Worten, durch eines ganz besonders geprägt ist und das ist die Ungeduld. Doch, Antonio, es kommt auch darauf an, Besonnenheit zu üben. Wir würden uns alle in Gefahr bringen, wenn wir jetzt kopflos handelten.«

Ich nickte und senkte meinen Kopf. Er hatte ja recht, in allem, wie ich eingestehen musste – dennoch …

»Dann ist es abgemacht«, sagte Tozzo und reichte Vater, dann Seppo und zum Schluss mir die Hand, um die Abmachung zu besiegeln. Als ich in Tozzos raue Hand einschlug und den leichten Druck verspürte, milderte das meine Enttäuschung. Ich wurde als Erwachsener und Gleichberechtigter im Nachbarrat anerkannt.

Die längsten Wochen meines Lebens begannen. Bruder Angelo hatte sich bereit erklärt, Matteo nach Hause zu begleiten und ihn weiterhin zu pflegen. Bianca wanderte jeden Tag einmal hinüber, um nach ihm zu schauen, während wir täglich auf die Geburt der Lämmer warteten.

Tozzo hatte in Gubbio angefragt, wer sich bereit erklären würde, den Männern beim Hüten zur Hand zu gehen. Es war nicht leicht gewesen, jemanden zu finden, denn alle waren durch den Übergriff des Wolfes auf Matteo und Giovanni verunsichert und eingeschüchtert.

Pietros Vetter aus Gubbio schließlich willigte ein. Jacopo war Schmied am Ort und hatte drei Söhne. Der älteste arbeitete bei ihm in der Schmiede und würde sie einmal erben. Für den zweiten Sohn hatte Jacopo Werkzeug kaufen können, damit er auf Wanderschaft gehen und sich seinen Lohn verdienen konnte, bis er sich irgendwann woanders eine eigene Schmiede würde leisten können. Für den dritten Sohn aber reichte das Geld nicht. Nicolo wollte sich in Valfabbrica niederlassen und dort eine eigene Schmiede eröffnen, denn er hatte dort ein Mädchen kennengelernt – Anita –, das er gerne heiraten würde. Tozzo war recht großzügig in der Bezahlung und hatte Nicolo neues Werkzeug und einen Amboss für die Schmiede zugesagt. Auch wollte er Jacopo unterstützen, wenn es zur Heirat kam. Das war so viel, dass nicht nur Nicolo zum Hüten kam, sondern, wann immer er konnte und Zeit hatte, auch Jacopo selbst bei den Herden aushalf.

Wir trieben die Schafe also täglich die Hänge hinauf und warteten auf die Lämmer. Die Kräuter und das frische Gras taten den Schafen gut und bald begann die Niederkunft. Bei jedem Lamm, das geboren wurde, musste ich an Renata und auch an meinen Traum denken: an den übermächtigen Schatten des Wolfes, der Renata unter sich begrub. Doch ich hielt verbissen an meinem Auftrag fest. Ich würde es zum Guten wenden, davon war ich mehr als überzeugt. Wenn ich abends Zeit hatte und nicht zu müde war, lief ich den Weg zu Seppos Hof und besuchte Matteo. Mein Vorwand war es, Bianca bei einbrechender Dämmerung nach Hause zu geleiten, aber insgeheim ging ich diesen Weg, weil ich mehr Geschichten von Frater Angelo über Franz von Assisi hören wollte.

Jeden Tag war Bianca bei Matteo und ich begleitete sie abends zurück. In der zweiten Woche bereits bemerkte ich eine Veränderung an meiner kleinen Schwester. Da war nicht nur Fürsorge und Mitgefühl, da war plötzlich eine zarte Freude in ihrem Gesicht, wenn sie sich auf den Weg machte und dann auf Matteo traf. Noch vor einem halben Jahr hätte ich sie damit aufgezogen, hätte mich lustig gemacht, dass sie sich verliebt hatte. Doch irgendwie freute ich mich sogar für sie. Ich beobachtete mit Freude im Herzen, wie sanft sie sich um die Verbände kümmerte, wie zärtlich sie mit Matteo sprach, als sie die Fäden zog, wie behutsam sie in all ihren Bewegungen war. Natürlich war sie noch zu jung, um zu heiraten, aber sie war nicht zu jung, um zu wissen, was Liebe war. Wer weiß, was sich später daraus entwickeln würde, dachte ich, wenn sie erwachsen war und heiraten durfte.

Und dann endlich kam der Zeitpunkt meines Aufbruchs. Matteo war genesen, hatte seinen sechzehnten Geburtstag gefeiert, das letzte Lamm war geboren und der Sommer rutschte satt und träge an den Hängen des Monte Ingino herunter. Frater Angelo hatte angekündigt, mich noch einen kleinen Abschnitt meines Weges zu begleiten. Er wollte bis Valfabbrica mit mir gemeinsam gehen, um dann weiter nach Perugia und bis hin nach Rom zu wandern. Seine Schwester würde in diesem Sommer heiraten und die ganze Familie würde aus San Marino dort zusammenkommen, um zu feiern. Da durfte auch Frater Angelo nicht fehlen.

Nicolo hatte sich gut eingearbeitet und würde Vater eine große Hilfe sein und auch das Aufteilen der Herden hatte gut geklappt. Die Jungschafe und Böcke wurden zu Tozzo getrieben und von ihm und seinen Söhnen mitversorgt. Die Mutterschafe mit ihren Lämmchen fanden Platz in Seppos

Herde. Nicolo half bei Tozzo, während Vater bei Seppo hütete. Auch Matteo war soweit wiederhergestellt, dass er leichte Wege mitgehen konnte. Alles hatte sich zum Besseren gewendet und aus dem Unglück war eine gute nachbarschaftliche Zusammenarbeit erwachsen. Der Weg für meine eigene Reise war geebnet. Ich wollte nicht länger als vier, vielleicht fünf Tage, höchstens aber eine Woche unterwegs sein, denn der Weg nach Assisi war nicht weit, nur beschwerlich.

»Du brauchst, solange du brauchst«, hatte Tozzo gesagt, »mach dir keine Sorgen, wir haben hier alles im Griff!«

Es war Ende Mai, als ich schließlich Gubbio, den Wolf und letztlich auch meine Kindheit hinter mir ließ.

***

KAPITEL 8

REISEGESELLSCHAFT

Frater Angelo war eine angenehme Begleitung, auch wenn wir langsam vorankamen. Die Jugend wollte schnell, das Alter konnte nur behäbig. Aber dennoch war es interessant, denn er wusste viel über die Natur, zeigte mir Kräuter mit heilender Wirkung, Knollen, die man essen konnte und fand beim Rasten immer Beeren oder Pilze, die unseren Speiseplan auflockerten. Gegen Abend, wir lagerten am See von Valfabbrica, kochte er sogar einen Sud aus wilden Brennnesseln und ich hätte niemals gedacht, dass man das essen konnte, geschweige denn, dass es auch noch schmeckte.

Er erzählte mir von seinen Fahrten über die Meere, die er mit seinem Vater zusammen unternommen hatte, von fernöstlichen Ländern, von Sarazenen mit prachtvollen Gewändern und Turbanen, gefährlichen Säbeln und wunderschönen Frauen und natürlich immer wieder von Franziskus.

Als wir schließlich aufgegessen hatten, tat es mir fast leid, mich von ihm verabschieden zu müssen.

»Weißt du, Antonio«, sagte Frater Angelo, »es sind oft die kleinen Schritte, die zählen und nicht die großen

Sprünge … ich durfte dich begleiten, ein kleines Stück in deinem Leben und ich hoffe, dass sich unsere Straßen wieder einmal kreuzen! Ich wünsche dir Glück, ich wünsche dir Segen und möge deine Reise von Erfolg gekrönt sein!«

Dann zog er mich an sich, drückte mich einmal fest, küsste mich links und rechts auf die Wange und schlug das Kreuz über mir.

»Grüß mir Bruder Franz, wenn du ihn gefunden hast!«

Dann drehte er sich um und war an den Ufern des Sees von Valfabbrica verschwunden. Er wollte nach einer Überfahrtmöglichkeit suchen. Mein Weg führte mich nach Süden. Ich wandte mich vom See ab und folgte dem Handelsweg, der mich in die Stadt hineinführen würde. Mit Vater war ich hier schon einige Male gewandert und besonders gern auf dem Chiascio gefahren. Heute würde ich den direkten Weg nach Assisi nehmen und nicht auf dem Fluss fahren. Ich durchwanderte die Straßen von Valfabbrica und fand schließlich auf der anderen Seite vor den Toren der Stadt, wonach ich gesucht hatte. Händler mit Karren, Gespannen oder zu Pferd lagerten dort und verbrachten zusammen die Nacht. Das schützte sie besser vor Räubern und Überfällen.

Ich näherte mich vorsichtig und verschaffte mir einen Überblick. Von Vater hatte ich gelernt, dass es immer besser war, sich einer Gruppe anzuschließen, die auch Frauen bei sich hatte, denn hier waren die Sicherheitsvorkehrungen meist noch größer.

Ich ließ meine Augen über die lagernden Gruppen gleiten und entschloss mich schließlich dazu, an eines der Lager heranzutreten, die am Saum des Waldes aufgeschlagen waren. Dort stand ein Ochsengespann, ein solider Karren, drei Männer packten Kisten zurecht und eine Frau ging mit einem vierten Mann gerade zum Fluss, um frisches Wasser zu holen oder Wäsche zu waschen, das konnte ich nicht so genau erkennen. Ein alter Greis saß auf einer Decke im Schatten der Bäume und schnitt mit zitternden Fingern einen Apfel in kleine Stücke. Langsam und bedächtig kaute er, gewiss zahnlos, darauf herum und sog den Saft heraus. Den Rest spuckte er mit der Schale zusammen wieder aus.

Ich musste lächeln, denn genauso hatte es mein Großvater auch immer getan. Nicht weit entfernt stand ein zweiter Wagen. Das Pferd, das ihn zog, graste friedlich und eine Ziege, die an der Deichsel festgebunden war, käute ihre Mahlzeit wieder.

Meine Wahl war getroffen. Ich erhob meine Stimme etwas und rief den Männern zu: »Verzeiht, darf ich mich zu euch gesellen? Ich bin allein unterwegs nach Assisi und möchte die Nacht nicht unter Räubern verbringen. Ich falle euch nicht zur Last, ich habe eigenen Proviant und eine Decke. Nur ein Feuer habe ich nicht.«

Die Männer unterbrachen ihre Arbeit und blickten mich an. Der älteste unter ihnen, wahrscheinlich der Vater oder Herr, schätzte mich lange mit den Augen ab, um höchstwahrscheinlich sicherzustellen, dass keine Gefahr von mir ausging. Dann nickte er. Es gehörte zur Handelssitte, einem Einzelnen beizustehen und die Höflichkeit gebot es, zumindest das Feuer zu teilen.

Die zwei jüngeren Männer widmeten sich wieder den Kisten und Bündeln auf dem Karren, während der ältere an mich herantrat.

»Ich bin Antonio«, stellte ich mich vor, »ich komme aus Gubbio.«

»Gubbio?«, krächzte der Alte unterm Baum. »Gubbio kenne ich, da war ich öfter in meiner Jugend, Kind!«

Ich ärgerte mich ein wenig über seine Ansprache, doch ich schluckte meinen Stolz hinunter. Wichtiger war mir, für die Nacht Gesellschaft und ein sicheres Feuer zu haben.

Der ältere Mann gab mir die Hand: »Ich bin Daniele, das ist mein Vater Pepe und dort sind meine Lehrburschen. Meine Tochter und mein Knecht holen Wasser!« Sein Händedruck war kurz und kräftig. Das zeugte von Selbstbewusstsein und Willensstärke.

»Gubbio sagst du?«, fragte Daniele. »Dann kennst du Jacopo, den Schmied?«

»Aber natürlich«, sagte ich lachend, »er ist ein sehr guter Freund meines Vaters und drückt die Hand seines Gegenübers ebenso fest wie du! Sein Sohn, Nicolo, hilft zurzeit beim alten Tozzo aus und vertritt mich, solange ich fort bin.«

»Habt ihr immer noch das Problem mit dem Wolf?«

Erstaunt sah ich ihn an. »Woher weißt du davon?«

Die Freundin meiner Tochter stammt aus Valfabbrica. Sie hat sich in Nicolo verliebt und möchte ihn heiraten. Im letzten Sommer war er bei Anitas Familie am See und hat von dem Wolf erzählt.

»Das ist der Grund, warum ich hier bin«, erwiderte ich, »der Wolf hat vor einigen Wochen erneut Menschen angefallen. Erst im letzten Jahr hat es Stefano, den Knecht Tozzos, erwischt. Nun hat er wieder zugeschlagen. Zum Glück ging alles noch einmal gut aus und die Wunden verheilen. Aber wir müssen etwas gegen das Tier unternehmen.«

»Und welche Art der Hilfe meinst du in Assisi zu finden?«, fragte Daniele. »Wäre es nicht besser nach Perugia zu reisen und bewaffnete Männer zu holen?«

Ich schluckte und lief rot an.

»Es sind nicht Waffen oder Männer, die sie tragen, an denen ich interessiert bin«, sagte ich leise, »es ist nur ein Mann, den ich bitten möchte, nach Gubbio zu kommen, und der stammt aus Assisi.«

»Nun gut, Antonio aus Gubbio«, erwiderte Daniele, »bleib heute Nacht bei uns am Feuer und erzähle uns deine Geschichte! Und vielleicht haben wir dir auch eine gute Geschichte zu erzählen.«

»Kann ich euch helfen?«, fragte ich, doch Daniele schüttelte den Kopf.

»Danke«, sagte er, »aber wir sind gleich fertig, dann wird gegessen und erzählt.« Mit diesen Worten wandte er sich wieder seinem Karren zu und half, die letzten Kisten zu verpacken und festzuzurren.

Unschlüssig stand ich herum. Gerne hätte ich geholfen und mich nützlich gemacht.

»Komm, Junge, setz dich zu einem alten Mann und hilf ihm, das Brot zu schneiden«, krächzte Pepe und klopfte mit seiner dürren, knorrigen Hand auf die Decke rechts neben sich. Auch das noch, fuhr es mir durch den Kopf. Ein alter Mann sieht das dümmliche Verhalten eines Kindes, das gerne schon erwachsen wäre, und macht sich darüber lustig. Ich ärgerte mich über meine Unsicherheit und blickte Pepe finster an. Doch als ich ihn musterte, fiel mir auf, dass er einen Punkt weit neben mir fixierte. Pepe schien nicht mehr richtig sehen zu können, wie also hatte er gesehen, dass ich unsicher war? Er hatte meine Unsicherheit gespürt, da war ich mir sicher. Oder er profitierte einfach von seiner langen Lebenserfahrung, die ihn mehr gelehrt hatte als mich.

Ich atmete aus und ließ mich auf die Decke sinken. Pepe reichte mir einen Laib Brot und ein Messer und bat mich erneut, ihm zu helfen.

»Meine Augen, Junge«, sagte er, »meine Augen sehen das Licht nicht mehr!«

»Und auch das Brot nicht«, erwiderte ich lächelnd und war deutlich milder gestimmt. Als dann hinter mir auch noch eine glockenhelle Stimme erklang und Pepe und mich begrüßte, war meine schlechte Laune wie weggeblasen. Aus dem Schatten der Bäume hervor trat die Frau, die ich vorhin aus der Ferne gesehen hatte und die am Fluss gewesen war, um Wasser zu holen. Jetzt erkannte ich, dass es noch ein Mädchen war, vierzehn, vielleicht fünfzehn Jahre alt. Der Knecht an ihrer Seite setzte die Kübel neben dem Wagen ab und ging dann zu den Männern am Karren hinüber.

Ich sprang auf und riss mir meine Mütze vom Kopf. Hatte ich gerade eben erst meine Sprache wiedergefunden, schien sie nun unwiederbringlich verloren. Nicht eine einzige Silbe wollte über meine Lippen. Und auch mein Blick gehorchte mir nicht mehr. Meine Augen starrten das Mädchen an, als hätte ich noch nie in meinem Leben ein Mädchen gesehen. Und ganz ehrlich, so ein Mädchen hatte ich auch noch nie gesehen.

Martha aus den Südhängen Gubbios galt als das schönste Mädchen bei uns in der Gegend, und auch in Perugia hatte ich schon schöne Mädchen und Frauen gesehen. Doch dieses Mädchen war … bezaubernd, hinreißend, zart, aber auch stark, wunderschön und edel und doch eigenartig urtümlich, wie frisch geschlüpft und doch schon lebenserfahren.

Ihre Haut war elfenbeinfarben, ihr pechschwarzes Haar war zu einem dicken Zopf gebunden, der ihr bis über die Hüfte fiel. Er war dick und glänzend und ich konnte mich nicht von dem Gedanken lösen, ihn öffnen zu wollen und durch das volle, samtweiche Haar zu streichen. Ein leichter Duft nach Lavendel umgab sie. Ich glühte von innen heraus, spürte das Blut in meinen Adern pulsieren und ins Gesicht kriechen. Auch das noch. Wieso musste ich immer rot werden, wenn so etwas geschah?

Und dann begegnete ich ihrem Blick. Meine Augen in ihren Augen, ihre Augen in meinen. Schwarz wie ihr Haar waren ihre Augen, doch nicht finster und dunkel, sondern glänzend, strahlend und voller Wärme. Kurz flackerte da Verstehen, dann legte sich ein zarter, rosa Hauch auf ihre Wangen und sie senkte ihre langen Wimpern über ihre Augen, wie einen Vorhang.

Das also war er, der erste Blick, der die Liebe versprach. Nie hatte ich diese Geschichten geglaubt, wenn Mutter davon erzählte, wie sie Vater kennengelernt hatte. Wenn sie versicherte, sofort gewusst zu haben, dass sie ihn liebte und ebenso sicher wusste, dass auch er sie liebte, beim allerersten Blick. Ich tat das immer als alberne Geschichten ab und billigte nur Bianca zu, das zu glauben, schließlich war sie ein Mädchen und hatte den Hang zum Romantischen.

Und nun stand ich hier, hatte nur einen einzigen Satz von ihr gehört, nur einen Bruchteil ihrer klaren, freundlichen Stimme vernommen, einen winzigen Blick erhascht, hatte schwarzes Haar und samtweiche Augen gesehen und wusste es ab diesem Moment, so sicher, wie meinen Vornamen: Ich hatte mich verliebt.

Der Hauch von Rosa auf den Wangen des Mädchens, ihre Haltung, das zögernde, tugendhafte Absenken ihres Blickes und das doch wieder neugierige Blinzeln durch ihre Wimpern hindurch versicherten mir, dass auch sie das so empfand. Ein magischer, ein himmlischer Augenblick. Kurz nur, vielleicht eine Sekunde, nicht länger. Lang genug, um alles zu wissen, zu kurz, um es richtig zu begreifen: Ich war verzaubert, verwirrt, durcheinander.

Wenn ich noch zu einem klaren Gedanken fähig war, dann zu dem, dass meine Gedanken wie Mühlsteine aufeinanderschlugen. Ich meinte, dass man mein Herz pochen hören musste, so laut und heftig schlug es in meiner Brust.

Die krächzende Stimme Pepes riss uns aus unserem Taumel.

»Wir haben heute Nacht einen Gast am Feuer«, krächzte Pepe, »komm, Selina, reiche uns frisches Wasser und setz dich zu uns.«

Selina. Noch immer war ich handlungsunfähig. Doch meine Knie beugten sich und gehorchten mehr den Anweisungen Pepes als mir. Ich spürte, wie mein Körper sich niederließ und mechanisch nach dem Becher griff, den Selina mir vors Gesicht hielt.

Selina fand ihre Worte eher wieder als ich.

»Aus Gubbio bist du«, stellte sie fest, »dann kennst du Nicolo. Er ist im letzten Sommer bei meiner Freundin eingekehrt. Anita wird ihn heiraten, denke ich.«

Noch immer starrte ich sie an, verschüttete etwas Wasser, bei dem Versuch zu trinken und ließ es lieber bleiben. Stattdessen konzentrierte ich mich darauf, nicht wie ein kompletter Idiot auszusehen.

»Reich mir mal die Schale«, krächzte der Alte, »da können die Äpfel hinein!«

Ich schob die Schale in Pepes Richtung, ohne meine Augen von Selina zu lösen.

»Junge«, forderte mich Pepe auf, »die Schale!«

Ich sah zu Pepe hinüber und musste grinsen. Ich hatte die Schale zwar bewegt, aber viel zu weit an ihm vorbeigeschoben.

Auch Selina lächelte und von da an ging es leichter.

»Ich kenne Nicolo«, sagte ich, »sein Vater ist ein guter Freund meines Vaters!«

»Was treibt dich nach Valfabbrica, Unbekannter aus Gubbio«, lachte sie.

»Ich heiße Antonio«, erwiderte ich, »und Valfabbrica ist nur ein Durchgangsort auf meiner Reise.«

Selina zog ihre Brauen hoch, sodass sie fast ganz unter ihrem schwarzen Haar verschwanden.

»Du willst noch weiter wandern?«, fragte sie etwas atemlos. »Allein?«

»Nun, ich bin auf der Suche nach Bruder Franziskus.«

Pepe horchte auf und ruckte mit seinem Kopf herum.

»Franziskus aus Assisi?«, stieß er aus. »Guter Mann, wirklich, guter Mann!«

Selina lächelte ihren Großvater an und sagte dann: »Wir kommen gerade aus Assisi. Und Großvater hat Franziskus auch einmal getroffen. Das ist schon etwas her, aber noch ganz frisch in seinem Geiste. Er wird dir sicher alles darüber erzählen wollen beim Essen.«

Ihre Augen funkelten bei diesen Worten und sie setzte sich zu uns auf die Decke.

»Warum suchst du nach Bruder Franz?«, fragte sie.

Ich wurde rot. Diesmal nicht, weil ich mich in Selina verliebt hatte, sondern weil ich befürchtete, dass sie mich auslachen könnte. Ich war unsicher und zerknautschte meine Mütze in den Händen.

Schließlich nahm ich mich zusammen und erklärte: »Ich hoffe auf Hilfe von ihm bei einem Problem, das wir in Gubbio haben.«

Selina wollte gerade etwas erwidern, als die Männer mit der Packerei am Karren fertig waren und ihr Vater nach ihr rief. Leichten Fußes sprang sie auf und lief zu ihm hinüber. Dabei baumelte der dicke, schwarze Zopf von rechts nach links und wieder zurück. Ich konnte meine Augen nicht von ihr lassen.

»Franz wird dir sicher helfen«, schnarrte Pepe neben mir, »er ist ein guter Mann, ein guter Mann!«

Bevor ich Pepe fragen konnte, warum Franz ein guter Mann sei, kamen die Männer und Selina heran.

»Kannst du meiner Tochter helfen, ein Feuer zu entzünden?«, fragte Daniele. »Dann können wir zum Fluss hinuntergehen und uns waschen.«

Ich nickte und stand auf. Selina fasste mich bei der Hand und zog mich lachend mit sich. Meine Hand schien zu brennen und ich taumelte ihr nach. Sie führte mich unter die weit ausladenden Äste der Bäume in den Halbschatten und bückte sich nach Brennholz. Ich tat es ihr gleich und schnell hatten wir genug gesammelt. Wir sprachen nicht, und doch suchten und fanden sich immer wieder unsere Blicke.

Voll bepackt schlenderten wir zu Pepe zurück und legten die Äste auf den Boden neben die von Steinen eingefasste Feuerstelle. Aus dünnen Zweigen formten wir einen kleinen Hügel zwischen den Steinen. Dann holte Selina etwas Stroh aus dem Wagen und öffnete einen kleinen Beutel, der an ihrem Gürtel um die Taille hing. Heraus zog sie Zunder* und Stein und den Feuerstahl. Mit geschickten Händen legte sie den Zunder auf die Kante des Steines und schlug den Stahl dagegen. Schon beim zweiten Mal gab es Funken und der Zunder begann zu glühen. Schnell legte sie ihn in das Stroh und blies vorsichtig hinein.

Das schwelende und rauchende Stroh legte sie unter unseren Hügel aus kleinen Zweigen und blies noch ein-, zweimal hinein. Nach nur wenigen Minuten prasselte das Feuer und wurde schnell größer, sodass wir dickeres Feuerholz hineinlegen konnten.

Selina erhob sich. »Bitte, halte das Feuer bei Laune«, sagte sie, »ich werde das Essen richten!«

Sie ging zu dem nahen Wagen zurück und kramte unter der Abdeckung herum. Sie zog Holzschalen hervor, einen Käselaib, Oliven, Orangen, ein kleines Fässchen und einen Zuber. Dann klopfte sie der Ziege auf den Rücken und wartete, bis sie aufgestanden war. Sie stellte den Zuber unter das Euter der Ziege, kniete sich daneben und molk sie mit flinken Fingern.

Dann brachte sie alles zu uns auf die Decke und verteilte

---

* Unter *Zunder* versteht man ein leicht brennbares Material, das zur Aufnahme der Funken zum Entzünden dient, z.B. der getrocknete Feuerschwamm (Pilzart).

die Schalen und das Obst. Während Pepe ihr das Brot reichte, schnitt sie Käse in lange Streifen. Auch Pökelfleisch zog sie aus dem Fässchen und legte es zum Käse dazu.

Als die Männer erfrischt vom Fluss herbeikamen und die Dämmerung schwer durch die Bäume fiel, war alles gerichtet und das Mahl konnte beginnen. Die beiden Lehrjungen und der Knecht nahmen sich ihre Schalen und setzten sich ein wenig abseits der Familie neben die Feuerstelle. Sie redeten leise miteinander und genossen ihre Mahlzeit.

Selina reichte auch mir eine gefüllte Schale und dankend nahm ich von den guten Speisen, obwohl ich ja meine eigenen Vorräte dabeihatte. Daniele erhob zuerst das Wort: »Nun sprich, Antonio aus Gubbio. Du willst also nach Assisi reisen, um Franziskus zu finden?«

Ich sah ihn zögernd an, dann nickte ich. »Ich habe von einem Bruder aus Franziskus Orden gehört, dass Bruder Franz eine Predigt für die Vögel gehalten hat. Dass sie nicht weggeflogen sind, dass sie ihm zugehört haben. Und ich habe mir gedacht, wenn er den Vögeln predigen kann, dann kann er vielleicht auch einem gierigen Wolf gut zureden.«

Als die Worte meine Lippen verlassen hatten, erschrak ich über meine Offenheit und, wenn ich ehrlich war, auch über meine Naivität. Nur weil *ich* an Wunder glaubte, mussten die Menschen, die mir begegneten, das nicht auch tun. Eine kurze Stille entstand und ich machte mich schon auf spottendes Gelächter gefasst, als Pepe neben mir den knöchernen Zeigefinger erhob und sagte: »Franz ist ein guter Mann, ein guter Mann. Sieh nur Junge! Siehst du das? Das Bein hier? Es war lahm, ich konnte es nicht mehr beugen, nicht mehr draufstehen, kraftlos, saftlos … geheilt durch Bruder Franz!«

***

KAPITEL 9

WUNDER ÜBER WUNDER

Nun war es an mir, ungläubig zu starren, und staunend lauschte ich der knarrenden Stimme des Alten, der von einem wahrhaftigen Wunder berichtete. Lahm sei er gewesen, musste von den Knechten seines Sohnes überall hingetragen werden, oder verbrachte die meiste Zeit auf der Ladefläche des Wagens. Zur Last sei er allen gefallen. Und dann seien sie eines Tages auf eine Gruppe von wandernden Mönchen gestoßen, die nur unweit von Assisi lagerten und einem Manne lauschten, der ihnen von Jesus erzählte.

Jesus, Gottes Sohn, der Lahme wieder gehend, der Blinde wieder sehend machte und selbst den armen Lazarus von den Toten in das Leben zurückgeholt hatte.

»Und mein lieber Sohn, Daniele hier«, krächzte Pepe, »konnte es sich nicht verkneifen, in die Predigt hineinzurufen, weil es doch schon mehr als tausend Jahre her sei, dass Wunder geschehen waren. Und wer an solch eine Täuschung glaube, sei nicht rechtens im Kopf! Und dann ist der Bruder, der gepredigt hatte, aufgestanden und zu uns herübergekommen.

Alle Gespräche waren schlagartig verstummt und die anderen Mönche glotzten uns mit großen Augen an. Aber Bruder Franz war gar nicht zornig, sondern blickte uns milde und verstehend an, als er mein lahmes Bein sah. Er reichte mir seine Hand und fragte mich: ›Glaubst du daran, dass Wunder geschehen können, mein Freund? Auch heute noch, mehr als tausend Jahre später? Wenn du das tust, dann nimm meine Hand und im Namen des Vaters im Himmel steh auf!‹ Und was soll ich sagen? Ich streckte ihm meine Hand entgegen, ergriff sie voller Hoffnung und Glaube und stand auf. Siehst du? So wie jetzt!«

Und voller Staunen sah ich, dass Pepe langsam zwar, aber ohne Mühe auf die Beine kam, dass auch sein ehemals lahmes Bein ihn trug und ihm seinen Dienst nicht verweigerte.

»Siehst du, Jungchen«, fuhr Pepe fort und ließ sich wieder auf die Decke zurücksinken, »seit diesem Tage kann ich wieder gehen! Und der Bruder, der mich geheilt hat, ist dein Bruder Franz, nach dem du suchst. Guter Mann, dieser Franziskus.«

Stumm und ehrfurchtsvoll sah ich erst Pepe, dann Daniele und Selina an.

»Ihr habt wahrhaftig ein Wunder erlebt!«, sagte ich mit belegter Stimme und die Zunge klebte mir am Gaumen. Ich war also auf dem richtigen Weg und meine Zuversicht wuchs, dass Bruder Franz die Lösung unseres Problems in Gubbio war.

»Nicht nur ein Wunder«, schnarrte Pepe, »nicht nur eins!«

Fragend schaute ich den Alten an. Pepe hustete und wischte sich mit dem Ärmel seines Hemdes über den Mund.

»Wir haben in der Zwischenzeit viele Dinge von Bruder Franz gehört«, erklärte Daniele. »Ich war immer eher ein Mann, der Zweifel hatte, aber das Wunder an meinem eigenen Vater und die Erzählungen, die uns zu Ohren gekommen sind, haben meinen Glauben erneuert.«

»Bitte, Signore«, sagte ich mit unterdrückter Aufregung in der Stimme, »könnt Ihr mir mehr erzählen?«

Ich trank einen Schluck von der frischen Ziegenmilch, um meine Stimme zurückzugewinnen und vergaß dabei völlig das Essen. Erwartungsvoll blickte ich Daniele an und ich hatte Glück, ihn in redseliger Stimmung vorzufinden. Daniele schien mir ein gradliniger Mensch zu sein, der nicht viele Worte verlor, doch nun erzählte er mir von Wundertaten, die ich fast nicht glauben konnte.

»Als wir nach der Heilung meines Vaters weiterzogen, trafen wir unterwegs immer wieder auf Menschen, die uns von den Taten des Bruders erzählten. Bruder Franziskus, der lebt wie Jesus selbst. Er geht barfuß und trägt eine einfache Kutte, mehr nicht. Und ob es regnet, die Sonne scheint oder schneit, jahraus, jahrein durchwandert er Umbrien und auch ganz Italien, um den Menschen von Jesus zu erzählen. Man sagt, dass er auch im Heiligen Land gewesen sei, wo Jesus einst geboren und hingerichtet worden war, aber darüber weiß ich nichts. Ich habe immer wieder Menschen von ihm berichten hören, dass er ihnen predige, von der Güte des Vaters im Himmel erzählte, von der Vergebung, von der unendlich großen Liebe des Vaters zu seinen Kindern hier auf Erden. Und vielleicht war auch die Vogelpredigt dabei, von der du erzählt hast, Antonio.«

Daniele nahm einen großen Schluck aus seinem Becher

und kaute dann herzhaft auf einem Stück Pökelfleisch herum.

»Doch das größte Wunder in meinen Augen«, begann er immer noch kauend, »war die Heilung eines entfernten Bekannten. Eines Tages kam der Vetter meiner Frau zu Besuch. Er ist Viehhändler und hat oft in Assisi zu tun. Er berichtete von einem Freund, der an der Pest erkrankt war. Faustgroße Beulen wuchsen aus seinem Körper. Nichts half und der Tod schien gewiss, als man sich an Bruder Franz erinnerte und nach ihm schicken ließ. Er kam auch und legte seine Hände auf die Pestgeschwüre. Er betete zu Jesus und, ich schwöre beim Herrn im Himmel, Antonio, der Kranke war am nächsten Tag geheilt. Die Beulen hatten sich zurückgebildet und die stinkenden Säfte waren abgeflossen.«

Daniele sah mich ernst an und Ehrfurcht stand in seinem Gesicht. Selina neben ihm regte sich leicht und blickte ihren Vater aufmunternd an.

»Erzähle ihm auch von den Wundmalen, Vater«, warf Selina zaghaft ein.

Fragend sah ich Daniele an. Der Schein des Feuers warf glühende Funken in die Nacht. Daniele senkte seine Stimme und rückte etwas näher an uns heran.

»Man erzählt sich, dass Bruder Franziskus den Leidensweg unseres Herrn nachvollzogen hat. Er sei zum Beten und Fasten für vierzig Tage in die Berge gewandert und kein Mensch hat ihn gesehen oder von ihm gehört. Und dann haben sich besorgte Brüder aus seinem Orden auf die Suche nach ihm gemacht und ihn auch schließlich gefunden. Nackt hätte er dagelegen. Wie der Herr ihn geschaffen hat. Doch an Händen und Füßen gezeichnet mit den

Wunden des Kreuzes. Die Stigmata Christi hineingebohrt in sein Fleisch. Er war am Körper gänzlich geschwächt, aber sein Geist strahlte hell und voller Erkenntnis. Er habe Jesus wahrhaftig geschaut, sagte er immer wieder. Die Brüder hielten das erst für einen Fieberwahn, aber als Franz genas und immer mehr Wunder tätigte, wurden sie ehrfürchtig und gottesgläubig. Er ist ein Heiliger, Antonio, hörst du? Der Mann, nach dem du suchst, ist ein Heiliger!«

Ich schluckte schwer und musste husten. Ich war auf dem richtigen Weg, ja, aber würde ich mich jetzt noch trauen, diesen Mann anzusprechen und ihn mit meinem Problem zu behelligen? War das nicht anmaßend? Würde er mich nicht auslachen und sagen, ich solle zurückkehren, es gäbe Wichtigeres zu erledigen, als einem Knaben nach Gubbio zu folgen, um einen Wolf zu vertreiben? Da wären schließlich Kranke zu heilen?

Mutlos ließ ich den Kopf sinken und ich glaubte, dass Daniele mich verstand, denn er sagte sanft: »Er ist zwar ein Heiliger, Antonio, aber er ist auch der Mann des einfachen Volkes. Keine Bitte scheint ihm zu unbedeutend, kein Anliegen zu unwichtig. Auch die Bauchschmerzen meiner Großtante Sophia hat er geheilt.«

Er lächelte mir zu und mir wurde etwas leichter ums Herz. Wir schwiegen und hingen unseren Gedanken nach. Pepe neben mir war eingeschlafen, während die Nacht uns schwarz umhüllte. Das Feuer brannte knisternd herunter und die Glut schwelte noch lange zwischen den Steinen. Die Lehrburschen und der Knecht hatten sich zurückgezogen und auch Daniele machte Anstalten, sich zur Ruhe zu legen.

Selina blieb noch eine Weile neben mir sitzen und zaghaft fanden sich unsere Finger und umspielten einander. Es war wie ein Brennen auf der Haut, dort, wo sie mich berührte und als sie sich schließlich auch abwandte und in ihre Decke drehte, ließ sie mein sehnsuchtsvolles Herz allein zurück. Ich betrachtete die Glut und dachte an das Brennen auf meiner Haut und in meinem Herzen. Schließlich siegte die Müdigkeit und ich sank in einen unruhigen Schlaf.

Ich träumte:

Dunkelheit lag zwischen den Bäumen des Waldes. Es war der Wald zu Hause in Gubbio. Ich erkannte ihn sofort an den sanften Hängen und den steilen Aufstiegen. Wieder lief ich einen Pfad hinauf. Es war der Pfad zur steilen Felswand. Ich war mir sicher, dort auf Giovanni und Matteo zu treffen. Doch als ich den Ort erreichte, spürte ich einen Schatten hinter mir. Wieder war da der Wolf. Ich blickte mich um, doch die Dunkelheit war vollkommen. Plötzlich jedoch erstrahlte am Himmel ein Licht, erst ganz klein, dann wurde es größer. Ich dachte, dass es der Mond sein müsse, oder ging etwa die Sonne schon auf? Wie ein Lichtkegel strahlte der Schein nun durch die Bäume und erhellte das Dunkel als wäre es Tag. Ich sah nun tatsächlich den Wolf. Doch ich sah noch etwas anderes. Der alte Meppino, unser Hund, stand neben dem Wolf und wedelte mit dem Schwanz. Seine Augen waren gütig und freundlich und er schleckte dem wilden Raubtier über das räudige Fell. Mir wurde irgendwie warm ums Herz. Die Szene rührte mich an. Und dann kam ein Mann durch die Bäume geschritten, direkt auf den Wolf zu, mit ausgestreckter Hand. Ich wollte ihn warnen, ihm zurufen, nicht näher zu treten. Doch der Mann rief leise Worte und der Wolf drehte seinen mächtigen Kopf. Neben dem

Mann lief Renata und hinter ihr folgten die Lämmer. Zwei waren es, gesund und prächtig. Und dann verstand ich die Worte, die der Mann sagte und der helle Schein des Lichtes blendete mich: »Du wirst keinem mehr ein Leid zufügen. Du wirst nicht mehr reißen und fressen, sondern dem Herrn gehorsam sein!«

Dann wurde das Licht schwächer, aber die Dunkelheit hatte nun keine Macht mehr. Ich sah, wie Meppino sich still neben den Wolf legte und schlief. Und auch das große, graue Tier legte sich nieder und schlief Seite an Seite friedlich mit dem alten, treuen Hütehund.

Diesmal wachte ich nicht schweißgebadet auf, sondern ließ dieses harmonische Bild noch lange vor meinem inneren Auge schweben. Mit einem Lächeln erwachte ich und war mir nun absolut sicher, dass ich Hilfe bei Franz finden würde. Wer sonst sollte der Mann aus meinem Traum gewesen sein, der mit dem Wolf gesprochen hatte?

Ein entfernter Schrei riss mich aus meinen wohligen Gedanken. Schnell begriff ich, dass Gefahr bestand. Ich schlug die Augen auf und sprang auf die Füße. Pepe schlief noch, er hörte schlecht, sodass er nicht gestört wurde. Doch meine Ohren waren mehr als gut und wieder vernahm ich einen Schrei. Daniele drehte sich unruhig in seiner Decke, auch er schien im Schlaf den Ruf vernommen zu haben. Meine Augen wanderten zu der Stelle, an der Selina gelegen hatte. Die Decke war zusammengefaltet und ordentlich neben das Fässchen gelegt worden und von Selina fehlte jede Spur. Meine Muskeln spannten sich und angestrengt lauschte ich in die morgendliche Dämmerung.

Der nächste Schrei war weniger deutlich zu vernehmen, abgehackt, nicht mehr so kraftvoll. Er kam eindeutig vom

Fluss. Auch Daniele war nun erwacht und sah mich fragend an.

»Selina?«, fragte er. Dann war er auf die Beine gesprungen. Er blickte sich suchend um und nahm wahr, dass Lehrjungen und Knecht noch schliefen.

»Ich habe ihr hundertmal gesagt, sie soll nicht alleine an den Chiascio gehen, er ist an dieser Stelle zu reißend!«

»Schnell, zum Fluss hinunter«, rief ich, griff eilends und instinktiv nach einem Seil, das auf dem Karren lag, und rannte los.

Wir liefen durch die lichten Bäume, die uns die Sicht auf das Ufer versperrten. Nichts war mehr zu hören. Eine eiskalte Klaue griff nach meinem Herzen und schien es zerdrücken zu wollen.

Selina, du Liebe, erst gewonnen und gefunden, nun entrückt in den Fluten? Ich wollte und konnte es nicht glauben. Noch beim Laufen schlang ich mir das Seil um die Taille und knotete es zusammen. Dann erreichten wir das Ufer. Schäumend und rauschend sprang das Wasser des Chiascio über schwere Steine, die in seinem Bette lagen. Ich musste an die Schneeschmelze bei uns zu Hause denken, daran, dass Mutter mir verbot, über die Steine unseres Baches zu springen, um den Weg nach Hause abzukürzen. Doch gegen diese Strömung hier war unser Bach harmlos schnurrend.

Am Ufer zu unseren Füßen stand vereinsamt ein Korb voller Hemden. Augenscheinlich hatte Selina waschen wollen. Meine Augen suchten hektisch die Fluten ab, dann blieb mein Blick an einem Felsen hängen, der gut zehn Meter weit vom Ufer entfernt und ein ganzes Stück weiter unterhalb der Stelle, an der wir standen, im Fluss lag. Ein weißer Arm war über den Felsen gestreckt und schwarzes Haar umfloss seine Kanten.

»Dort!«, rief ich Daniele zu und warf ihm das Seilende entgegen. »Halte das Seil mit deinem Leben!«, sagte ich und sprang.

Was mir dabei durch den Kopf ging? Im Nachhinein kann ich es gar nicht mehr sagen. Bei dem Schrei, der mich geweckt hatte, bei der Gewissheit, dass er vom Flusse gekommen war, schossen mir die unzähligen Lämmer in den Sinn, die übermütig ihren Müttern hinterhersprangen und dabei so manches Mal in den Bach gefallen waren. Dann hieß es schnell handeln, um sie nicht zu verlieren. Keiner von uns Bauern und Hirten in und um Gubbio konnte wirklich schwimmen. Ja, gesehen hatte ich das schon einmal, bei einem reisenden Kaufmann, der durch Gubbio gewandert kam, aber nachmachen konnte ich es nicht. Bei uns war es Brauch, ein Seil um die Taille zu binden und den Lämmern nachzuspringen. Ein Mann am Ufer hielt das Ende des Seils fest und zog dann das Lamm und seinen Retter wieder ans Ufer zurück. Das war gefährlich, aber es war machbar.

Das Problem war nur, dass der Chiascio viel breiter und reißender war. Tosende Wassermassen überspülten die Steine und ich war mir in dem Moment als ich lossprang gar nicht mehr sicher, ob das so eine gute Idee von mir gewesen war. Was, wenn ich Selina gar nicht erreichen würde? Wenn sie und ich in den Fluten zusammen untergingen? Merkwürdigerweise machte das mein Herz ruhiger. Wenn nicht im Leben, dann doch vereint im Tode?

Doch nein, das wollte ich nicht, ich wollte mit ihr noch

ein langes Leben haben und deshalb schüttelte ich diese Gedanken fort und auch die eiskalte Hand, die nach mir griff. Ich übersprang zwei, drei weitere Felsen und hatte Selina schon fast erreicht, als mein Fuß keinen Halt fand und ich abrutschte. Das Wasser schlug über mir zusammen und ich verlor die Orientierung. Ich wusste, dass ich meine Beine bewegen musste. Das hatte der alte Seppo immer gerufen, wenn er am Ufer stand.

»Junge, bewege dich! Dann bleibst du oben!«

Ich erinnerte mich daran und strampelte los. Mein Kopf durchstieß die Oberfläche und ich schnappte nach Luft. Aus den Augenwinkeln sah ich Daniele am Ufer mit mir mitlaufen, das Seil fest in seinen Händen. Das gab mir Mut und Kraft. Was er rief, konnte ich nicht verstehen, worauf er zeigte, nicht sehen, aber ich spürte plötzlich etwas Weiches neben mir. Ich ruderte mit meinen Armen umher und griff zu. Erst war es nur Stoff, den ich in den Finger fühlte, dann den Leib von Selina. Ich hatte sie gefunden und ich würde sie nicht loslassen. Mit beiden Armen umschlang ich ihren Körper, holte noch einmal tief Luft und stieß mich mit den Beinen vom Felsen ab. Sofort spürte ich den wohlvertrauten Ruck um die Taille und wusste, dass Daniele zog. Mein Rücken schürfte über weitere Steine und ich stieß mir den Kopf. Ich war der Ohnmacht nahe, meine Muskeln schienen zu reißen, doch ich ließ nicht los. Zu wertvoll war das Leben, das in meinen Armen lag.

Jetzt hörte ich Daniele rufen, spürte einen allerletzten Ruck in der Körpermitte und dann nichts mehr. Für lange Zeit …

Als ich die Augen aufschlug, durchschoss ein furchtbarer

Schmerz meinen Kopf. Ich wusste überhaupt nicht, wo ich war. Ich richtete mich vorsichtig auf und befühlte mit der rechten Hand meine Stirn. Meine Finger ertasteten einen sauberen Verband.

»Bianca?«, stöhnte ich und fiel wieder auf den Rücken.

Doch die Stimme, die zu mir sprach, gehörte nicht meiner Schwester.

»Alles wird gut, Antonio«, hörte ich Selina sagen, »bleib ruhig liegen.«

Ich spürte ihre Hand auf meiner Stirn, dann ergriff sie meine Hand und drückte sie leicht. Die Erinnerung kam wieder.

»Selina«, flüsterte ich schwach und versuchte die Augen zu öffnen, »du lebst, Gott sei Dank!«

»Schsch«, machte sie, »bleib nur ruhig liegen, dann wird alles wieder gut.«

Ich erwiderte ihren Druck, dann fiel ich wieder ins Vergessen.

Als ich das nächste Mal aufwachte, war es dunkle Nacht. Mein Kopf schmerzte nicht mehr und ich nahm das Prasseln eines Feuers wahr. Vorsichtig öffnete ich die Augen und blickte in einen wolkenlosen Sternenhimmel. Der Mond stand sichelförmig direkt über mir. Ich drehte leicht meinen Kopf und erblickte Daniele und Selina, die am Feuer saßen und leise miteinander sprachen. Pepe schlief, und auch die anderen Burschen waren nicht zu sehen.

Ich hob meinen Kopf und richtete mich leicht auf. Dabei rutschte mir die Decke herunter und ich erkannte meinen Oberkörper, in sauberes Tuch gewickelt. Mein Rücken schmerzte und brannte.

Sofort sprang Selina auf und kam mit leuchtenden Augen auf mich zu.

»Du bist wach!«, rief sie. »Dir geht es besser!«

Ich versuchte zu lächeln.

»Mehr oder weniger«, entfuhr es mir. »Wie lange habe ich geschlafen?«

»Zwei ganze Tage und die halbe Nacht.«

Ich setzte mich ganz auf und lehnte mich an einen Baumstamm. Selina schob mir eine weitere Decke zwischen Rücken und Stamm, sodass ich bequemer sitzen konnte.

»Du hast mich gerettet und ich dich«, sagte sie, »wenn du deine Suche nach Bruder Franz beendet hast, kannst du unversehrt nach Hause zu deiner Anvertrauten zurückkehren.«

Anvertrauten? Ich verstand überhaupt nichts. Kein Mädchen war mir versprochen. Wie kam Selina nur auf diese Idee? Die Frage muss nur allzu deutlich auf meinem Gesicht gestanden haben, denn Selina sagte:

»Na ja, du erwähntest ein ums andere Mal den Namen Bianca …«

Ich lachte auf. Sie blickte mich verständnislos und mit großen Augen an.

»Als ich die Verbände gefühlt und gesehen hatte«, erklärte ich, »habe ich gedacht, ich sei zu Hause. Bianca ist meine Schwester, und sie ist heilkundig!«

Selina strahlte auf und unsere Herzen schlugen für einen Moment im Gleichtakt. Dann trat Daniele zu uns heran und setzte sich neben mich.

»Du hast das Wertvollste in meinem Leben gerettet«, sagte er mit heiserer Stimme und in seinen Augen schimmerten Tränen. Er versuchte nicht, sie zu verbergen.

»Schon Selinas Mutter habe ich an den Fluss verloren und ich dachte, mein Herz müsste bersten. Verrückter Junge, wie bist du nur auf diese Idee gekommen? Ihr beide hättet sterben können!«

»Meine Aufgabe ist noch nicht beendet«, sagte ich lächelnd, »erst muss ich noch Bruder Franz finden und ihn bitten, nach Gubbio zu kommen. Dann kann der nächste Fluss mich fortspülen …« Ich lachte auf, auch Selina lachte und über Danieles Gesicht ging ein Strahlen.

Dann erklärte ich beiden den Brauch, auf diese Weise die Lämmer zu retten und Daniele berichtete mir kurz, was geschehen war, als er uns ans Ufer gezogen hatte. Selina war auf die Beine gekommen und hatte die Burschen herbeigeholt. Sie hatten mich ins Lager getragen und ausgezogen. Rücken und Kopf waren angeschlagen und aufgeschürft. Selina hatte meine Wunden gewaschen und gereinigt und mit frischen Tüchern umwickelt. Dann hatte ich geschlafen, zwei ganze Tage und die halbe Nacht.

»Auch das ist ein Wunder, das heute geschehen ist«, sagte Daniele schlicht.

Ich lachte erneut. »Manchmal bedarf es eben keines Heiligen, sondern nur eines einfachen Schafhirten aus Gubbio«, erwiderte ich. Ich lächelte Selina zu und Müdigkeit und Erschöpfung krochen in meine Glieder.

»Ruh dich aus, Antonio aus Gubbio«, sagte Daniele mit milder Stimme, »und morgen wird die freundlichste aller Sonnen für uns aufgehen!«

Kurz vorm Einschlafen dachte ich noch an die Wundergeschichten, die ich gehört hatte, an die Heilungen der Kranken, an das lahme und nun wieder gesunde Bein Pepes, die Kreuzeswunden an Bruder Franz... Wunder über Wunder … sicher … bestimmt sogar, aber das größte Wunder, das sich mir hier offenbarte, hatte pechschwarzes, glänzendes Haar und duftete nach Lavendel.

***

KAPITEL 10

RITTERTRÄUME

Noch einen Tag länger blieb Daniele mit den Seinen an dieser Stelle des Chiascios und wartete auf meine Genesung. Er war dazu nicht verpflichtet und dennoch verschob er seine Geschäfte, um mir Zeit zu geben, mich von den Strapazen zu erholen. Am nächsten Morgen wachte ich erfrischt auf. Mein Geist war klar und mein Herz stand offen. Nur meine Muskeln schmerzten, als hätte ich ganze Berge versetzt. Die Wunde an meiner Stirn war mit einer leichten Kruste überzogen und die Risse auf meinem Rücken brannten zwar, bluteten aber nicht mehr. Selina war ebenso geschickt beim Versorgen der Wunden und kannte sich genauso gut mit Heilkräutern und Salben aus wie meine kleine Schwester.

Trotz der Schmerzen waren ihre Hände auf meinem Körper eine Wohltat. Ich blieb im Schatten der Bäume bei Pepe auf der Decke liegen und genoss die Wärme des sommerlichen Tages. Nur wenige Schritte tat ich, war ich doch schnell wieder erschöpft. Ich schlief viel und auch der Abend und die Nacht verliefen ruhig und erholsam. Am Morgen des fünften Tages stand ich auf und fühlte mich gut. Ich sah, dass die Lehrjungen mit Daniele zusammen das Pferd vor den Wagen spannten, die Ochsen herbeizogen und alles für den Aufbruch packten. Als Daniele sah, dass ich erwacht und aufgestanden war, kam er zu mir.

»Wir werden dich nach Assisi begleiten«, sagte er schlicht, »wir haben im Wagen hinten neben Pepe einen Platz für dich freigeräumt, dort kannst du liegen, wenn du nicht mehr laufen kannst. Und jetzt sag nicht, dass ich das nicht zu tun bräuchte! Und ob ich das muss, denn du hast den größten Schatz in meinem Leben gerettet.«

Mit diesen Worten wandte er sich wieder seiner Arbeit zu und ließ mich völlig verdutzt aber überglücklich zurück. Ich half Pepe und Selina, die Decken, die Schalen und das Fässchen im Wagen zu verstauen, dann trat ich neben Selina, die das Pferd am Strick führte und begleitete sie. Die Burschen trieben die Ochsen an, während Daniele vorausging und uns den Weg wies. Auch Pepe lief ein Stück weit mit uns. Vielleicht wollte er damit bekräftigen, wie sehr das Wunder seiner Heilung immer noch wirkte. Doch gegen Mittag wurde er müde und legte sich auf seinen Platz in den Wagen. Heilung war das eine, das Alter das andere.

»Wohin wäret ihr gegangen, wenn ich nicht zu euch gestoßen wäre?«, fragte ich leise das Mädchen an meiner Seite.

Sie sah mich mit großen Augen an.

»Nun«, begann sie zögerlich, »wir sind in Monteverde zu Hause!«

»Monteverde!«, rief ich aus. »Aber dann seid ihr doch schon fast am Ziel gewesen! Wieso, um Himmels willen, dreht ihr jetzt um und geht den Weg zurück nach Assisi?« Ich glaubte die Antwort zu kennen.

»Mein Vater hat nicht gerne Schulden«, erwiderte Selina, »er möchte wenigstens sicher sein, dass du den Weg nach Assisi auch wirklich findest und dein Ziel erreichst! Für uns sind es nur wenige Stunden mehr, die wir wandern! Doch für mich sind es die schönsten Stunden Umweg, die ich je gegangen bin.«

Wieder legte sich eine feine Röte auf ihr weiches Gesicht und auch ich begann von innen heraus zu glühen.

Wir gingen schweigend nebeneinander her, hielten beide die Führleine in den Händen und berührten uns dann und wann flüchtig mit den Fingern.

Es waren auch für mich die glücklichsten Stunden meines Lebens. Am späten Nachmittag erreichten wir Assisi. Der Monte Subasio erhob sich majestätisch über der Stadt, die sich – selbst an steilen Hängen gebaut – in die Höhe zog. Die hellen Häuser wirkten freundlich und sauber. Und der frühe Abend umrandete die Dächer.

Ein letztes Mal lagerten wir gemeinsam am Fuße der Stadt. Am nächsten Morgen würden sich unsere Wege trennen. Selina würde mit ihrer Familie nach Hause ziehen und ich würde mich auf die Suche nach Bruder Franz machen.

Es waren einige Händler unterwegs, die sich hier trafen, um am nächsten Morgen auf den Markt zu gehen oder die Geschäfte aufzusuchen. Ein guter Freund von Daniele gesellte sich abends zu uns ans Feuer. Er hieß Marco und hatte drei Gespanne nach Assisi getrieben. Er kam aus der Toskana und hatte Wein geladen, von welchem er großzügig ausschenkte.

»Auf den Retter der Tochter meines besten Freundes«, rief er munter und ließ seinen Becher an meinen krachen.

Ich nippte nur vorsichtig an meinem Becher. Ich war es nicht gewohnt, viel davon zu trinken und schnell stieg mir der Rausch in den Kopf.

»Der Junge hier ist auf dem Weg zu Bruder Franziskus«, erhob Pepe das Wort, »er möchte, dass er ein Wunder tut.« Der Wein löste Pepes Zunge, so viel hatte er den ganzen Weg über nicht geredet, wie an diesem Abend.

»Im Krieg war ich gewesen, Junge«, erzählte er, »da ist es passiert. Lange vor deiner Geburt habe ich gekämpft, in Umbrien, in Italien, für den Papst. Perugia war damals ein schlimmer Ort und viele tapfere Männer, alte wie junge, sind dort gestorben, wurden ermordet oder gefangen genommen, so wie auch dein Franz.«

Ich horchte auf. Franz, der Heilige, soll im Krieg gekämpft haben? Da schien dem Alten aber der Wein in den Kopf gestiegen zu sein und hatte sein Gedächtnis gehörig durcheinandergebracht. Ungläubig starrte ich ihn an und war auch ein wenig zornig, denn mein Bild von Franz war rein und gut. Hatte bisher nicht jeder von einem fürsorglichen Franz erzählt, der in der Nächstenliebe wandelte und Wunder im Namen des Herrn vollbrachte?

»Du musst dich irren«, sagte ich. Doch Pepe ließ nicht ab von seinem Gefasel.

»Wenn ich es doch sage, Junge«, beteuerte er. Ich sah in die Runde und auch Daniele und Marco nickten nun zustimmend mit dem Kopf.

»Franziskus war nicht immer ein Mann Gottes«, erklärte Marco, »in seiner Jugend, so erzählt man sich, wollte er Ritter werden. Das Größte war für ihn, in den Krieg zu ziehen, Ruhm und Ehre zu erlangen und ein Held zu sein.«

»Sag ich doch, sag ich doch«, krächzte Pepe. Ich ignorierte den Alten und wandte mich wieder Marco zu. Dieser nahm das Wort und berichtete: »Vor mehr als zwanzig Jahren haben sich Assisi und Perugia bekämpft. Doch Perugia behielt die Oberhand. Viele wurden eingekerkert und auch Franz, der Sohn des reichen Tuchhändlers Pietro Bernardone, geriet in Gefangenschaft. Erst zwei Jahre nach seiner Gefangennahme kam Franz wieder frei und das auch nur, weil sein Vater eine große Auslösesumme für ihn zahlte.«

Ungläubig blickte ich Marco an, aber dieser Mann hatte keine Veranlassung, mich anzulügen.

»Ihr meint, Franz ist ein richtiger Ritter gewesen?«, hauchte ich und war ziemlich verstört. »Er hat gekämpft? Andere verletzt? Gemordet? ...« Mir blieben die Worte im Halse stecken.

»Nun ja«, begann Marco erneut, »ich kann nichts darüber sagen, ob er ein *richtiger* Ritter gewesen ist, aber zumindest wollte er einer sein! Doch der Krieg und die Gefangenschaft sind nicht spurlos an ihm vorübergegangen, sagt man. Als er von seinem Vater freigekauft worden war, kehrte er an Leib und Seele krank und innerlich zutiefst erschüttert nach Hause zurück.«

»Seine Mutter hat ihn lange pflegen müssen«, warf Daniele ein, »und doch hinderte ihn das nicht daran, zwei Jahre später in den nächsten Krieg zu ziehen.«

»Da hast du recht, mein Freund«, ergänzte Marco, »Franz hatte seine persönliche Niederlage darauf geschoben, dass er bei seiner ersten Kriegsteilnahme keine richtige Rüstung und auch kein Pferd besessen hatte.«

»Und diesmal wollte er auch auf der Seite des Papstes

kämpfen«, warf Daniele ein, »in Apulien, Marco, weißt du noch?«

»Wie kann ich das vergessen. Wir alle mussten in diesem Krieg kämpfen. Gesegnet die Stunde, in der wir heil daraus hervorgingen.«

»Und Franz?«, fragte ich leise.

»Bruder Franz«, erklärte Marco, »der ist gar nicht erst so weit gekommen. Er ist umgekehrt, bevor er das Heer erreichte, sozusagen in doppeltem Sinne! Immer wieder hat er den Menschen später in seinen Predigten davon berichtet. Das war der Wendepunkt in seinem Leben. Ausgestattet mit Kampfross und teurer Rüstung war er auf dem Weg nach Apulien gewesen. Doch unterwegs, so erzählte er später seinen Freunden, habe Gott in einem Traum zu ihm gesprochen. Er solle nicht weltlicher Ritter sein und für weltliche Herren kämpfen, sondern er solle ein Streiter Gottes werden.«

»Verschenkt hat er sie«, lachte Pepe krächzend neben mir auf. »Junge, verschenkt!« Pepe verschluckte sich an seinem Wein und hustete lange und laut.

»Der Alte hat recht«, sagte Marco, »Franz hat nach diesem Traum ohne zu zögern kehrtgemacht. Dem erstbesten Mann hat er Pferd und Rüstung geschenkt und ist frohen Herzens, aber zu Fuß und bettelarm nach Hause zurückgekehrt.«

»Meine Güte«, entfuhr es Pepe, »meine Eltern hätten mich grün und blau geschlagen, hätte ich ein Pferd und eine Rüstung verschenkt!« Dabei lachte er wieder und trank aus seinem Becher.

»Darüber weiß ich nichts«, sagte Marco, »aber erfreut

131

waren seine Eltern gewiss nicht. Von dem Wert einer Rüstung hätte eine Familie mit fünf Kindern ein ganzes Jahr leben können!«

Ich schluckte. »Wisst Ihr mehr zu erzählen?«

»Nur das, was jetzt jeder von ihm zu erzählen weiß«, erwiderte Marco, »dass er in Gottes Spuren wandelt, Wunder vollbringt und ein Mann des Friedens geworden ist. Der nicht nur seinen Nächsten, sondern auch seine Feinde liebt und ihnen von Gott erzählt.«

Ganz in Gedanken versunken trank ich große Schlucke aus meinem Becher. Der Wein prickelte auf meiner Zunge. Er schmeckte lieblich und süß, fast wie Most. Ich trank ihn wie Wasser und spürte ein wohliges Schwummern im Kopf.

»Du lagerst vor den Toren von Assisi«, sagte Marco, »das ist die Heimatstadt von Franziskus. Halte die Augen und die Ohren offen, Antonio, dann wirst du sicherlich auf Menschen treffen, die dir mehr von ihm erzählen können.«

Ich nickte. Mir wurde schwindelig von der abrupten Bewegung und ich ließ es sein.

»Franz war der Sohn des reichsten Tuchhändlers am Ort, der Sohn des Pietro Bernardone«, ergänzte Marco, »er ist in Assisi aufgewachsen, hat seine Kindheit und Jugend hier verbracht. Du wirst sicherlich jemanden finden, der ihn als Kind gekannt hat und dir davon berichten kann!«

Wieder nickte ich, diesmal langsamer und stellte meinen Becher ab. Ich war müde und mein Geist hatte viel zu verarbeiten, nicht nur den ungewohnten Wein, sondern auch alles Gehörte.

Pepe zog sich zum Schlafen zurück und auch ich dankte

für den Wein und die Geschichten. Ich wollte schlafen und
wieder zu Sinnen kommen, denn morgen würde ich nach
Franz suchen.

***

KAPITEL 11

VON ASSISI NACH SAN DAMIANO

Als ich erwachte, hämmerte es in meinem Kopf, als würde Jacopo, der Schmied, höchstpersönlich darauf seinen Schmiedehammer schwingen und ihn als Amboss missbrauchen. Vorsichtig richtete ich mich auf und sofort wurde mir übel. Ein blassroter Hauch zog sich über die Hänge von Assisi. Es war noch früh.

Vorsichtig drehte ich meinen Kopf und versuchte aufzustehen. Immer noch hatte der Schwindel Besitz von mir und mein Magen drehte sich um. Ich hörte ein leises Rascheln und sah aus den Augenwinkeln, dass Selina erwachte. Sie schlug ihre Augen auf und musterte mich. Dann lächelte sie.

»Warte«, flüsterte sie und stand leise auf. Sie stellte den Kessel mit etwas Wasser in die heiße Glut und ging dann zu dem zweiten Wagen hinüber, kramte in einem Beutel und kam mit einer Holzschale zurück. Sie zerrieb und zerstampfte darin etwas und füllte schließlich alles in einen Becher. Dann goss sie das heiße Wasser darüber.

»Trink das«, forderte sie mich auf, »dann geht es dir gleich besser!«

Fragend sah ich sie an.

»Ein Liebestrank und Hexengebräu«, sagte sie ernst.

Ich erschrak und schob ihre Hand, die den Becher hielt, weit von mir. Doch da lachte Selina auch schon glockenhell und leise auf.

»Ingwer, Dill und Fenchel«, sagte sie lächelnd, »gut für Magen und Kopf!«

Sie setzte sich neben mich und reichte mir den Becher erneut. Mit zitternden Händen griff ich danach und versuchte, die Übelkeit zu unterdrücken. Ich schnupperte an der dampfenden Flüssigkeit und hob erstaunt meine Augenbrauen. Es roch genau wie die Flüssigkeit, die Bianca Alanso einträufelte, wenn er unter Blähungen litt und immerzu schrie.

Ich sah Selina an und meinte: »Ich glaube, du würdest dich mit Bianca sehr gut verstehen!«

»Deiner Schwester«, sagte sie und ich nickte. »Das heißt, du möchtest mich zu dir einladen?«, setzte sie hinzu. »Du möchtest mich wiedersehen?«

Natürlich wollte ich das! Ich wäre wahrscheinlich nie auf die Idee gekommen, Selina tatsächlich zu fragen, ob sie mich besuchen wollte. Und wäre mir die Idee trotzdem gekommen, hätte ich mich wahrscheinlich nie im Leben getraut, sie auszusprechen. Selina hatte diese Probleme nicht, sie sagte, was sie dachte, und ich fühlte mich wohl bei ihr.

Ich blickte sie an und musste nicht mehr fragen, ob sie das auch wollte. Es war ein stummes Einvernehmen. Ich trank den Becher aus und fühlte mich himmlisch.

»Dann ist es abgemacht«, sagte sie, als wenn sie einen Vertrag besiegelte, »wenn du dein Wolfproblem gelöst hast, gibst du mir Bescheid, und ich komme zu dir!«

Ich ergriff ihre Hand, die neben meiner auf der Decke lag, und drückte sie.

»Abgemacht«, flüsterte ich. Wir saßen noch ein ganzes Weilchen so da und fanden es schön, uns an den Händen zu halten, bis die Männer sich in ihren Decken regten. Selina sprang auf und trug den Becher fort. Zurück blieb ihr leichter Lavendelduft. Ach, wie sehr ich das vermissen würde.

In nur wenigen Minuten war alles gepackt, wir hatten noch ein leichtes Mahl zu uns genommen und dann Lebewohl gesagt. Daniele zog mich herzlich an sich, der alte Pepe klopfte mir auf die Schulter und Selina hauchte mir einen Kuss auf die Wange. Dabei drückte sie mir etwas in die Handfläche. Ich stand da und sah die Wagen um die Wegbiegung verschwinden, erhaschte noch einen letzten Blick auf Selinas langen, schwarzen Zopf, der so herrlich von links nach rechts baumelte, und öffnete dann meine Hand. Ein besticktes Tüchlein, zu einem Beutelchen geformt, lag darin. Es war mit einem Band zusammengehalten, und als ich es an die Nase hielt und tief den Duft einsog, war es mir, als läge ich auf einem Feld voller Lavendel. Ich steckte das Beutelchen ein und trug es nah an meinem Herzen. Dann atmete ich noch einmal tief ein und marschierte auf Assisi zu. Mittlerweile herrschte reges Treiben an den Toren der Stadt. Karren rumpelten hinein, andere rumpelten heraus. Menschen auf Pferden, auf Eseln oder Gespannen ritten oder fuhren an mir vorbei und ich folgte staunend. Assisi war nur eine kleine Stadt, kleiner als Perugia, doch wo sollte ich mit meiner Suche beginnen?

Was hatte Marco gestern Abend noch gesagt? Franziskus war der Sohn von Pietro Bernardone, dem reichsten Tuchhändler am Ort. Sein Geschäft musste doch leicht zu finden sein. Ich beschloss, mich auf die Suche nach dem Tuchhändler zu machen.

Ich durchstreifte die Straßen und engeren Gassen und folgte den Menschen zum Markt. Am besten Ort innerhalb der Stadt, direkt am Marktplatz und links neben der beginnenden Handelsstraße, lag das Tuchgeschäft von Pietro Bernardone. Es war gar nicht zu verfehlen. In goldener Schrift prangte der Name über der Tür und prächtige Stoffe hingen an Stangen zum Verkauf oder lagen auf einem Tisch ausgebreitet da.

Ohne zu zögern schritt ich auf die Frau zu, die hinter dem Tisch stand und die Stoffe für ihre Kunden auseinanderfaltete.

»Verzeiht mir, Signora«, sprach ich sie höflich an, »dies ist der Laden von Signore Bernardone?«

»Gewiss«, sagte die Frau und lächelte freundlich, »der Name meines Mannes steht über der Tür und ich bin zufällig seine Frau, also sollte dies wohl auch das Geschäft Bernardone sein. Was kann ich für dich tun? Brauchst du derben Stoff für eine Jacke, leichteren für ein neues Hemd?« Sie maß mich mit ihren Augen und schätzte meine Größe.

»Kräftiger Bursche«, lachte sie, »und ich meine auch bei den Maiden beliebt. Vielleicht auch etwas Feineres, der Herr?«

Sie wandte sich den Ballen zu und suchte darin herum, bis sie das Richtige gefunden hatte. Sie zog den Stoff auseinander, der in der Sonne saphirblau funkelte. Wunderschön war er, ohne Frage, aber sicher auch unerschwinglich. Geschickt breitete sie ihn auf dem Tisch aus. Ihre Haut war faltig und braun gebrannt. Wahrscheinlich von der Sonne. Kein Wunder, wenn sie täglich hier draußen stand und die Stoffe anbot. Einzelne graue Haare durchzogen ihr sonst noch schwarzes Haar. Es wirkte etwas stumpf und nicht mehr so glänzend wie das von Selina (ach, liebe und wunderschöne Selina), doch die Frau, die vor mir stand, war immer noch schön. Ihre Züge wirkten edel und anmutig. Ihr Gesicht war offen und freundlich. Ich war am Ziel, vor mir stand die Mutter von Franziskus. Mütter wussten immer, wo ihre Kinder zu finden waren. Sie würde mir sicherlich weiterhelfen können. Ich freute mich über mein Glück und fasste mir ein Herz.

»Verzeiht«, sagte ich schließlich und unterbrach ihren Redefluss, in dem sie die Vorzüge des Stoffes pries, »ich suche nach Francesco Bernardone, dem Bruder Franziskus, der durch die Lande zieht und Wunder tut.«

Schlagartig änderten sich ihre Haltung und ihr Gesichtsausdruck, als hätte man ihr einen Topf voller Schlangen unter die Nase gehalten. Angst und Unsicherheit, Erschrecken und Erbleichen waren darin zu lesen.

»Sprich diesen Namen hier nicht laut aus«, zischte sie und hielt die Luft in ihrem Körper. Ich erschrak über diese Reaktion und wich unwillkürlich einen Schritt zurück. Das hatte ich nicht erwartet.

Diese Geste schien sie aufzurütteln. Sie atmete aus und beugte sich über den Tisch zu mir vor. Dabei blickte sie immer wieder hektisch und ängstlich über ihre Schulter zum Eingang des Ladens, als würde dort jeden Moment ein Sklaventreiber auftauchen.

»Mein Mann hört diesen Namen nicht mehr gern!«, erklärte sie atemlos flüsternd. »Bitte, Junge, sei so gut, geh und frage mich nicht mehr!« Ihr eben noch so braunes Gesicht wirkte nun fahl und blass und sie schien in Sekunden gealtert zu sein. Ich starrte sie noch einen Moment unschlüssig an, dann drehte ich mich um. Doch bevor ich gehen konnte, hielt ihre Hand mich fest. Sie packte meinen Unterarm und sprach ganz schnell: »Wenn du ihn findest, meinen Giovanni, meinen Franz, dann sage ihm, dass er immer noch eine Mutter hat, die ihn liebt!« Ihre Augen flehten stumm, und Trauer, Leid und Schmerz waren darin zu lesen.

Ich nickte ihr zu und ging. Verwundert, überrascht, nichts verstehend.

»San Damiano«, hörte ich sie leise sagen, »versuche es in San Damiano …« Ich drehte mich noch einmal zu ihr um, doch sie war verschwunden. In der Sonne glänzte der saphirblaue Stoff, der weich und samtig über den Tisch floss.

Lange noch spürte ich die Stelle an meinem Arm, wo sie mich gehalten hatte. Die ganze Verzweiflung einer alten und traurigen Frau, aber auch einer innig liebenden Mutter, lag in dieser Geste. Was war da los?

Ich taumelte durch die Straßen und war so in Gedanken versunken, dass ich gar nicht wahrnahm, wohin mich meine Füße trugen. Ich sah mich um und erkannte, dass ich der Handelsstraße gefolgt war, die in sanften Windungen durch die Stadt führte, und dann wieder hinaus. Ich stand oberhalb einer natürlichen Terrasse und blickte über das ganze Tal hinunter. Und dann schoss es mir in den Sinn, als hätte sich ein Nebel gelichtet. Ich sah wieder klar. San Damiano. Ich musste nach San Damiano. Ich blickte mich um und sah einen Bettler im Schatten eines Olivenbaumes sitzen. Ihn wollte ich fragen. Ich lief zu ihm hinüber und sofort streckte er mir die linke Hand entgegen. Nicht die rechte, wie ich feststellte, denn die fehlte. Sein Stumpenarm lag in seinem Schoß. Aber ich erhielt die Auskunft, dass San Damiano etwa zwanzig Minuten unterhalb der Stadt inmitten von Feldern läge. Ein Hort der Ruhe sei es und die Heilige Klara lebe dort mit ihren Gefährtinnen im Kloster. Sie lebe wie Franz, in Armut und in der Nachfolge Christi.

Ich gab dem Bettler ein Stück Brot, ließ dann den Bettler Bettler sein und wanderte die Straße hinab zu den Feldern, die die Stadt umschlossen. Überall standen Olivenbäume und ihre Schatten sprenkelten die Straße. Ich zog das kleine Säcklein von Selina aus der Tasche und hielt es an meine Nase. Herrlich war der Duft nach Lavendel. Dann folgte ich der Straße durch die Bäume und Felder und gelangte schließlich zum Konvent* der Klarissen. Die hellen Mauern leuchteten milde in der Mittagssonne. Die Gebäude von San Damiano lagen eingebettet in einem würzigen Duft von Zedern, Pinien und Zypressen. Flimmernde Luft legte sich auf meine Haut und machte mich schläfrig. Und doch war mein Geist hellwach. Ich war so weit gegangen, hatte so viel erlebt. Jetzt wollte ich auch endlich an mein Ziel gelangen. Ob Bruder Franz hier zu finden war?

Zögernd näherte ich mich der Mauer, die San Damiano umschloss und trat auf das Tor zu. Es war geöffnet und ließ den Blick frei auf den Innenhof, wo einige Ziegen umher-

---

* Ein *Konvent* ist ein Kloster.

liefen und nach Futter suchten. Zögernd trat ich näher und sah einen jungen Burschen unter einem Olivenbaum liegen. Er passte augenscheinlich auf die Ziegen auf, nahm aber seine Aufgabe nicht allzu genau. Er war vielleicht sechs oder sieben Jahre alt, hatte den Hirtenstab neben sich ins Gras gelegt, seine Mütze weit über die Augen gezogen und kaute auf einem Grashalm herum. Als ich ihn ansprach, sprang er eilends auf und zog die Mütze vom Kopf.

»Ich suche Bruder Franz«, sagte ich, »weißt du, ob er hier ist?«

»Männer findest du hier nicht«, antwortete der Junge, »außer vielleicht unter den Ziegen. Das ganze Kloster besteht aus Nonnen! Sie haben sich über den Mittag alle zum Beten zurückgezogen.« Er kam etwas näher und fügte dann hinzu: »Männer sind hier nicht gerade willkommen, auch keine jungen. Nur die Frommen, die dürfen hier ab und zu einkehren … du scheinst mir kein Mönch zu sein. Warum suchst du nach einem?«

»Das ist eine lange Geschichte«, sagte ich entmutigt, »ich dachte, dass ich Bruder Franz hier finden würde …«

»Ich habe ihn hier schon eine ganze Zeit nicht mehr gesehen«, erwiderte der Junge, »Bruder Franz wandert viel durch Italien.«

»Das weiß ich ja alles«, entfuhr es mir zorniger, als ich beabsichtigte. Schließlich konnte der Junge nichts dafür, dass Bruder Franz nicht hier war.

»Tut mir leid«, sagte ich, »aber ich dachte, ich finde ihn hier, oder zumindest jemanden, der ihn besser kennt und mir etwas über ihn erzählen kann.« Ich ließ die Schultern hängen. Ich war enttäuscht.

»Wenn du mir deine Geschichte erzählst«, sagte da der Junge, »dann erzähle ich dir eine Geschichte über Franz! Abgemacht?« Neugierig sah ich den Jungen an. Sein Gesicht war erwartungsvoll. Dann gab ich mir einen Ruck und setzte mich zu ihm ins Gras. Auch wenn er sicher nicht allzu viel von Franz wusste, wollte ich ihn nicht enttäuschen, er hatte ja nicht jeden Tag die Gelegenheit, Geschichten aus anderen Gegenden zu hören. Er hieß Alanso, wie mein kleiner Bruder, und ich muss sagen, er war ein guter Zuhörer. Als ich ihm von Renata und dem Wolf erzählte, pfiff er durch die Zähne, er sah mich mit großen Augen an, als ich vom Angriff auf Matteo berichtete und spickte meine Erzählungen mit Kommentaren wie: »Das gibt es doch gar nicht!«, oder: »So ein grässlicher Wolf aber auch!«

An der Stelle, da ich ihm verriet, warum ich nach Bruder Franz suchte, nickte er heftig und beteuerte: »Ja, ganz richtig, das kann er bestimmt tun. Bruder Franz kann echte Wunder vollbringen.«

Ich zog meinen Proviantbeutel hervor und Alanso tat es mir gleich. Wir teilten redlich. Kauend fragte er mich: »Und? Antonio, was möchtest du wissen?«

»Nun ja«, begann ich, »dass Bruder Franz Wunder vollbringt, habe ich schon gehört, auch dass er Ritter sein wollte und seine Rüstung verschenkt hat ...«

»Das war was«, unterbrach mich Alanso eifrig, »das gab ganz schön Ärger im Hause Bernardone!«

»Du weißt davon?«, fragte ich, und die Hoffnung keimte in mir auf, dass Alanso mir doch mehr sagen konnte, als ich ursprünglich gedacht hatte.

»Natürlich«, empörte sich Alanso, »*die* Geschichte kennt

hier doch jedes Kind! Du darfst nicht einmal den Namen von Franziskus erwähnen, sonst schmeißt dich der alte Bernardone höchstpersönlich aus dem Laden raus, egal, ob du hundert Ellen Stoff für tausend Münzen kaufen möchtest!« Ich nickte zustimmend.

»Dann bist du jetzt dran, Alanso!«, sagte ich und streckte mich wohlig aus. »Erzähl schon!«

Alanso ließ sich nicht zweimal bitten und hob mit seiner klaren Kinderstimme an: »Auch wenn das lange vor meiner Geburt war, immer wieder erzählen die Leute von dem unerhörten Vorfall des Kleiderwurfes. Wenn Bruder Franz in dieser Gegend unterwegs ist, dann wird die Geschichte stets gern erzählt, als sei sie erst gestern geschehen. Man sagt, dass Bruder Franz nicht nur Ritter werden wollte, sondern tatsächlich eines Tages mit Ross und Rüstung in den Krieg zog. Doch anstatt in Apulien zu Ehre und Ruhm zu gelangen, ist er umgekehrt und hat Ross und Rüstung verschenkt. Das musst du dir mal vorstellen, Antonio. Da querte ein Bettler seinen Weg, und Franz hatte nichts Besseres zu tun, als vom Pferd zu steigen, dem Bettler die Zügel in die Hand zu drücken und die Rüstung noch dazuzugeben.

Ach, wäre ich doch nur schon geboren gewesen und wäre Franz zu diesem Zeitpunkt begegnet, dann wäre ich jetzt ein reicher Mann.« Alanso grinste und kaute wieder auf seinem Grashalm.

»Auf jeden Fall ist Franz dann zurück nach Hause gegangen«, fuhr Alanso fort. »Seine Mutter, Signora Pica, soll überglücklich gewesen sein, doch sein Vater, Signore Pietro, der hat einen Wutanfall bekommen, den die braven

Bürger von Assisi noch außerhalb der Stadt mitbekamen. Geschrien hat er und getobt, hat seinen Sohn geprügelt und eingesperrt. ›Stupido, stupido‹, hat er tage-, ja wochenlang vor sich hin gebrabbelt, wenn er auf den Straßen der Stadt unterwegs war. Und was machte Franz? Der ließ sich nicht beirren. Im Gegenteil, er setzte dem Ganzen noch eins drauf. Als Signore Bernardone eines Tages nicht da war, ließ seine Mutter Franz entweichen. Und Franz ging geradewegs in das Geschäft seines Vaters, nahm Stoff und Waren und verkaufte diese, um Geld für die Renovierung eben dieses Hauses hier, San Damiano, zu bekommen.«

»Du meinst, Franz war ein Dieb?«, platzte es aus mir heraus. Ich konnte es nicht fassen. Was, um Himmels willen, bekam ich im Verlaufe meiner Suche noch alles über Franz zu hören?

»Du musst dich irren!«

Alanso lachte auf und sagte: »Oh nein, da gibt es keinen Irrtum. Doch, ob man Franz als Dieb bezeichnen kann, weiß ich nicht. Schließlich sollte Franz ja einmal alles erben. Also gehörte ihm doch rechtlich gesehen, was seinem Vater gehörte. So jedenfalls schien Franz die Sache auszulegen. Er erzählte seiner Mutter, dass Gott in einem Traum zu ihm gesprochen habe, dass er sein Haus wiederaufbauen solle. Und ich sage dir, Antonio, San Damiano war vor einigen Jahren eine Ruine, baufällig, ausgeweidet und leer. Meine Großmutter meinte, dass damals die Ziegen hier laufen konnten, wie sie wollten, heute muss ich aufpassen, dass sie nicht die guten Kräuter aus dem Garten fressen.«

Alanso stopfte sich noch ein Stück Brot in den Mund und grinste dabei.

»Und was geschah dann?«, wollte ich wissen. »Warum ist der Name Franziskus im Hause Bernardone unaussprechlich geworden?«

»Der alte Bernardone kam von seiner Geschäftsreise zurück und sah anhand der Rechnungsbücher, dass Stoff und Waren fehlten«, begann Alanso erneut, »er schimpfte und brüllte das ganze Haus zusammen, bis Signora Pica gestand, dass Franz die Sachen genommen hatte und sie ihn hatte ziehen lassen. Großmutter hat mir erzählt, dass Pietro Bernardone mehre Tage rot wie Klatschmohn im Gesicht durch die Gegend gelaufen sei und immer wieder beteuerte, dass er seinem Sohn das nicht würde durchgehen lassen. Dass er sich entschuldigen und den fehlenden Betrag zurückzahlen müsse. Aber Franz blieb hartnäckig. Er hatte ja nichts Unrechtes getan. Schließlich spitzte sich der Streit zu und Signore Bernardone trug die Sache dem Bischof vor. Stell dir das vor, Antonio, hörst du, was ich sage? Der Vater hat gegen seinen eigenen Sohn einen Prozess geführt. Und jetzt kommt das Beste!

Alanso setzte sich zurecht und holte noch einmal tief Luft, bevor er sprach: »Bei der Gerichtsverhandlung im Frühjahr 1207, die öffentlich auf dem Domplatz stattgefunden hat, entkleidete sich Franziskus komplett. Völlig entblößt, wie sein Schöpfer ihn geschaffen hatte und, wie meine Großmutter immer an dieser Stelle bekräftigte, so, dass man alles – wirklich *alles* – an ihm sehen konnte, Antonio. Er hat nichts anbehalten, was er von seinem Vater hatte, keine Hose, kein Hemd, nichts ...«

Alanso war ganz rot geworden durch die Aufregung seiner Erzählung. Er grinste erneut und wurde etwas verlegen, dann sagte er: »Unglaublich, oder Antonio? Ein reicher Sohn, dem es so richtig gut geht, der alles hat im Leben, verschenkt erst sein Pferd und seine Rüstung und verzichtet durch diese unerhörte Geste auch noch auf sein Erbe. Ich weiß nicht, ob ich das gekonnt hätte … Na, auf jeden Fall war das der Augenblick, in dem Signore Pietro nichts mehr mit seinem Sohn zu tun haben wollte. Er wollte seinen Namen nicht mehr hören, kein Wort an ihn richten, ihn nicht mehr sehen. Und Franziskus war seitdem Bruder Franz, der sich dem Aufbau von San Damiano widmete und dafür sogar betteln ging. Seinen eigenen Vater nannte er nicht mehr Vater, sondern sprach nur noch von seinem Vater im Himmel.«

Wir blieben eine Weile stumm und nachdenklich unter dem Baum liegen, bis eine kleine Glocke in einem der Gebäude zur Mittagsstunde schlug.

»Ich muss die Ziegen zur Tränke treiben«, sagte Alanso und erhob sich, »wenn du Bruder Franz finden möchtest, geh zur kleinen Kapelle hinunter. Zur Kapelle Portiuncula. Sie liegt etwas weiter südlich, nicht weit, dort hinunter.« Alanso zeigte mit seinem dünnen, mageren Arm etwas weiter rechts an den Gebäuden vorbei.

»Franz hat auch diese Kapelle eigenhändig wiederaufgebaut. Dort ist er in letzter Zeit häufiger gewesen, weil es ihm gesundheitlich nicht gut geht, sagt man. Vielleicht hast du Glück und findest ihn dort. Ich wünsche es dir, Antonio. Und wenn er deinen Wolf gezähmt hat und das eine gute Geschichte geworden ist, dann kommst du zurück und erzählst sie mir, ja? Abgemacht?«

Ich lächelte den kleinen Burschen an und nickte. »Ja, Alanso, abgemacht!«

Alanso griff nach seinem Stab und pfiff durch die Zähne. Augenblicklich hoben die Ziegen ihre Köpfe und trotteten dem kleinen Hirten hinterher zur Tränke.

***

KAPITEL 12

IN DER PORTIUNCULA

Ich selbst erhob mich auch und wanderte in die von Alanso angezeigte Richtung. Schon nach wenigen Minuten sah ich die kleine Kapelle inmitten knorriger Steineichen stehen. Überall lagen gelblichweiße Steine herum, die offenbar vom Monte Subasio hierhergetragen worden waren, um die Kapelle zu restaurieren. Sie war schlicht, mit vielen Steinen aufgeschichtet und auf dem Dach thronte ein winziges Glockentürmchen. Eine rundgebogene Holztür war in die Vorderseite eingelassen. Neben der Kapelle standen unzählige Reisighütten, in denen anscheinend die Brüder lebten und schliefen, wenn sie hier waren. Jetzt lag alles wie ausgestorben da.

Es war ein idyllischer Anblick, die Luft war angenehm warm und dieser Ort atmete Frieden aus. Doch ich fühlte mich gänzlich erschöpft. Ich war jetzt seit so vielen Tagen unterwegs, allein von Zuhause fort, ich war in Assisi und doch fand ich Franziskus nicht. Was hatte ich denn erwartet? Was gehofft? In meinen Wunschträumen war ich hierher gewandert, hatte mit Franz gesprochen, der mich gnädig angehört hatte und dann zusammen mit mir nach Gubbio gekommen war. In Wirklichkeit aber, lief ich Franz seit Tagen hinterher. Egal wohin ich kam, er war nicht da oder schon wieder fort. Wie machten es denn andere Menschen, die nach ihm suchten? Immer hatte ich gehört, dass sie ihn auch fanden. Mir blieb das verwehrt …

Mutlos blieb ich vor der Portiuncula stehen und traute mich nicht, an die Tür zu klopfen. Nicht, weil ich mich vor Bruder Franz fürchtete, sondern vielmehr vor der Nachricht, er sei nicht hier. Denn dann müsste ich weitergehen, weitersuchen, meine Kraft zusammennehmen und neue Zuversicht schöpfen. Irgendwie war in diesem Moment alles aufgebraucht. Ich fühlte mich leer und müde. Ich glaube, ich habe endlos so dagestanden.

»Doch, doch«, erklang plötzlich eine lachende Stimme hinter mir, »diese Tür ist so unsagbar schön, dass man sie durchaus stundenlang anstarren kann!«

Ich schrak zusammen und drehte mich um. Ein alter Bruder in brauner Kutte und einfacher Kordel stand vor mir. Graues Haar umringte sein freundliches Gesicht, seine staubigen Füße steckten in Sandalen und er trug einen Korb voller Stroh auf dem krummen Rücken. Das war auf keinen Fall Franz, dieser Bruder war zu alt.

»Verzeiht mir«, sagte ich schnell, »ich konnte mich einfach nicht entschließen, Hand an diese kostbare Tür zu legen und sie mit einfallslosen Klopfzeichen zu belästigen.«

Der Bruder lachte herzlich auf. Unzählige Lachfalten zierten seine Augen.

»Na, zumindest ein Bursche mit Humor«, lachte er. »Komm, tritt ein und erzähle mir, was dich in diese Gegend bringt. Mir will scheinen, du bist nicht aus Assisi!«

Der Alte schlurfte an mir vorbei und zog die Holztür der Kapelle auf. Ich folgte ihm in das winzige Kirchlein. Der einzige Raum war kühl und roch angenehm nach Kerzenwachs. Rechts und links an den Wänden stand hintereinander einfaches Holzgestühl. Darüber hingen Kerzenhalter. Im Chorraum der Kapelle hing ein schlichtes Holzkreuz, zur Rechten führte eine weitere Tür nach draußen, zur Linken gab es zwei Fenster. Die Kapelle war nicht bescheiden, sondern ärmlich, schoss es mir durch den Kopf, und hier sollte ein Heiliger einkehren?

»Ich bin Bruder Leonardo«, sagte der Alte und riss mich aus meinen Gedanken. Ich sah, wie er versuchte, den Korb von seinem Rücken zu nehmen und kam ihm zu Hilfe.

»Lasst mich das machen, Frater Leonardo«, sagte ich, hob den Korb an und stellte ihn zu seinen Füßen ab.

»Du kannst auch Leo zu mir sagen, das kostet weniger Luft«, lachte er und setzte sich etwas atemlos auf einen der Stühle. Er zog einen Jutesack, der vor ihm auf dem Boden lag, zu sich heran und begann, das Stroh in den Sack zu stopfen.

»Das wird dein Bett, Antonio aus Gubbio«, sagte er. Verblüfft sah ich ihn an. Woher kannte er meinen Namen?

»Nun ja«, erklärte Bruder Leonardo, »du bist jung, du bist augenscheinlich allein unterwegs, dein Münzbeutel ist sicherlich nicht prall gefüllt und eine Unterkunft in Assisi ist teuer. Also wirst du mein Gast sein, heute Nacht.« Seine Hände stopften gleichmäßig weiter, während seine Augen lachten.

Tatsächlich hatte ich überhaupt keinen einzigen Gedanken daran verschwendet, wo ich heute schlafen würde. Zu

Beginn meines Weges war ich mit Bruder Angelo zusammen gewesen, danach hatte mir Daniele Schutz gewährt. Hier in Assisi kannte ich niemanden, und ich war froh über das Angebot.

»Bruder Franz wirst du hier nicht finden«, fuhr Bruder Leonardo fort, »er hat vor einigen Tagen eine Vision gehabt und musste dem Ruf folgen!«

Immer noch starrte ich Bruder Leonardo an. Woher wusste er, dass ich Bruder Franz suchte?

Doch bevor ich fragen konnte, sagte er schlicht: »Alanso, der Ziegenhirte! Ich traf ihn, als er die Ziegen aus San Damiano hinaus in die Felder trieb. Ich war dort, um Kräuter zu holen. Als ich von ihm erfuhr, dass du zu mir unterwegs bist, bat ich um etwas Stroh für dein Nachtlager.« Er zwinkerte mir verschmitzt zu.

»Göttliche Voraussagen der Zukunft kann ich leider nicht tätigen, mein Freund«, lachte er, »aber meine Ohren können das Geplapper kleiner, aufgeregter Kindermünder noch immer gut verstehen! Alanso erzählte mir, dass ihr ein Problem in Gubbio habt.«

Unschlüssig stand ich da und wusste nicht, wohin mit mir.

»Komm, setz dich und hilf einem alten Mann«, sagte Bruder Leonardo freundlich und wies auf einen zweiten Sack. Ich setzte mich zu ihm und begann, das Stroh in den Sack zu stopfen, so wie es auch Bruder Leonardo tat. Von draußen fiel die milde Nachmittagssonne in die Kirche hinein und erhellte den kleinen Raum.

Merkwürdig, obwohl Bruder Franz wieder nicht hier war, kam mein Herz dennoch zur Ruhe. Die gleichmäßigen

Handgriffe, die warme Sommerluft und die Gesellschaft von Bruder Leonardo vertrieben die Schwermut.

»Hätte ich noch so viel Lebensenergie wie der kleine Ziegenjunge«, sagte Bruder Leonardo in die Stille, »dann hätte ich einen größeren Korb mit mehr Stroh hier herauftragen können. Ich hoffe es reicht, um dich einigermaßen weich zu betten. Wenn du nicht zu müde bist und alle deine Worte für Alanso aufgebraucht hast, magst du auch mir deine Geschichte erzählen? Bei Alanso war jedes zweite Wort *Wolf* und vor lauter Wolf und Wolf und nochmals Wolf ist ihm irgendwie die Puste ausgegangen. Der Sinn seiner Erzählung blieb auf der Strecke!«

Bruder Leonardo lächelte, und auch ich musste lachen. Ich konnte mir Alanso lebhaft vorstellen, wie er mit großen Gesten und aufgeregter Stimme zu erzählen begann.

»Das mache ich gern, Frater Leo«, sagte ich und begann meine Erzählung. Der Alte hörte aufmerksam zu, während unsere Hände weiterarbeiteten. Als ich geendet hatte meinte er: »Ich sehe schon, du bist mutig, du bist willensstark, du glaubst, und du bist verliebt!«

Ich zuckte leicht zusammen.

»Nun, mein lieber Antonio, während bei Alanso jedes zweite Wort *Wolf* war, war jedes zweite Wort bei dir *Selina*!«

Merkwürdigerweise wurde ich diesmal nicht rot. Bruder Leonardo hatte das nicht spottend gesagt, sondern einfach festgestellt. Und als ich meinen Kopf zu ihm wandte, sah ich Verstehen und Freude und ich nickte zustimmend.

»Ihr habt recht, Frater«, sagte ich, »ich habe mich verliebt, vom allerersten Augenblick an!«

Der Alte drückte auf dem gefüllten Sack herum und

band ihn schließlich mit einem Strick zu. Dann reichte er auch mir ein Band und ich tat es ihm gleich. Bruder Leonardo schob die beiden Säcke an die rechte Wand, dann schlurfte er nach draußen.

»Die Sonne tut meinen alten Knochen gut«, sagte er, »lass uns dort ein wenig zusammensitzen und dann erzählen wir. Bitte sei so gut und bringe den Beutel mit, der noch in meinem Korb liegt.«

Ich tat, wie mir geheißen und zog ein Tuch hervor, das zu einem Beutel zusammengebunden worden war. Unter einer Steineiche, die ihre Äste weit ausladend über unsere Köpfe streckte, machten wir es uns bequem.

»Als Klara, die Ordensmutter von San Damiano, hörte, dass ich einen Pilger zu Besuch habe«, erklärte Bruder Leonardo, während er die Schnüre vom Tuch zog und es auseinanderfaltete, »zweifelsohne von unserem gesprächigen Freund Alanso, da hat sie mir einige gute Sachen aus der Küche mitgegeben. Sieh!«

Auf dem ausgebreiteten Tuch lagen ein Laib Brot, Käse, etwas Fisch und Wurst.

»Seit dem Tag, da Franziskus unseren Heiligen Papst Honorius III. gebeten hat, dass wahrhaft gläubige Besucher, die das Bußsakrament empfangen haben, eine vollkommene Vergebung ihrer Sünden bekommen, wurde unsere kleine Kapelle zu einem richtigen Wallfahrtsort.* Dem Herrn im Himmel sei gedankt«, schmunzelte Bruder Leonardo und verteilte die guten Sachen. Ein kleiner Streuner, der hin-

---

* Ein *Wallfahrtsort* ist ein Ort mit hervorgehobener religiöser Bedeutung und somit Ziel einer sogenannten Wallfahrt.

ter uns verborgen im Schatten gelegen haben musste, kam schwanzwedelnd, schüchtern, aber voller Erwartung näher. Zu meiner Überraschung schnitt Bruder Leonardo eine große Scheibe Wurst ab und warf sie ihm vor die Füße.

»Bei uns hätte man ihn vertrieben«, sagte ich, »oder mit einem Stock nach ihm geworfen.«

Doch Bruder Leonardo erwiderte: »Auch die kleine Lucie hier ist ein Geschöpf Gottes. Da muss man redlich teilen.« Die Hündin schnappte nach ihrer Beute und sprang davon.

Immer größer wurde mein Respekt den Brüdern gegenüber, die nicht sammelten oder etwas kauften, die nicht wussten, was sie zu essen bekommen würden, wenn sie morgens erwachten. Und doch behielten sie nichts für sich, sondern teilten auch noch mit einem hässlichen kleinen Streuner, der sicherlich auch eine Ratte hätte fangen können.

Wir ließen es uns gut schmecken.

»Frater Leonardo«, bat ich schließlich, »könnt ihr mir mehr von Bruder Franz erzählen? Warum lebt er hier in diesem kleinen Kirchlein?«

Bruder Leonardo streckte seine müden Beine ein wenig von sich und lehnte sich bequemer gegen den knorrigen Stamm der Steineiche.

»Von Alanso hast du ja schon gehört«, begann er, »dass der Vater von Franziskus ihn nach dem Kleiderwurf enterbt hatte. Franz hatte ja in dieser Zeit San Damiano wiederaufgebaut und erbettelte sich Baustoffe und Geld. Doch das sollte nicht die einzige Kirche bleiben, die er eigenhändig restaurierte. Vom Monte Subasio holten wir die Steine, die nötig waren, um die kleine Kapelle wiederaufzurichten. Du musst wissen, dass sie vor über 800 Jahren gebaut worden war, um, so erzählt es eine Legende, die Reliquien unserer Heiligen Jungfrau Maria zu verwahren. Aber das ist lange her und vergessen. Als Franz von Jesus Christus, unserem Heiland, den Befehl erhielt, sein Haus wiederaufzubauen, da dachte er im ersten Moment, dass es wirklich um Häuser, also um Gebäude ginge.«

»Jesus hat zu Franz gesprochen?«, hakte ich nach.

»Aber ja«, erklärte Bruder Leonardo, »das war vor vielen Jahren. Franz hat in San Damiano unter dem Kreuze gebetet und da hat der Herr vom Kreuz zu ihm heruntergesprochen: ›Siehst du nicht, dass mein Haus zerfällt? Baue es wieder auf!‹ Also restaurierte Franz San Damiano, zwei andere kleine Kapellen und schließlich Portiuncula. Von ihr war nur noch eine Ruine übrig. Seit diesem Zeitpunkt wollte er so leben wie Jesus und folgte ihm in allem nach. Das war im Jahre 1208, Antonio. Der Abt vom Monte Subasio wollte Franz die Kapelle schenken, damit er sie zum Zentrum seiner brüderlichen Gemeinschaft machen könne. Doch das widersprach gänzlich den Grundsätzen von Franz, der ja keinen eigenen Besitz mehr haben und in Armut leben wollte. Also, was machte unser Franz?«

Bruder Leonardo hob die Stimme und platzte dann heraus: »Er pachtete sie. Für einen Korb voller Fische im Jahr, das war die Miete. Und ich selbst war es, der dem Abt die Fische brachte.«

Bruder Leonardo strahlte bei diesen Worten, als wäre er gerade erst vom Abt zurückgekehrt, so lebendig und frisch schienen sich diese Bilder in seinem Gedächtnis zu entfalten.

»Als dann sechs Jahre später Klara kam, um Franz in seinem Glaubensweg nachzufolgen, hat er ihr einen Habit* gegeben und ihr die Haare kurz geschnitten. Dabei hatte sie so wunderschöne Haare. Aber was soll's, eitel ist, wer zu viel Wert auf sein Äußeres legt. Seitdem lebt Klara mit ihren Nonnen im Konvent zu San Damiano und auch Franz kehrt dort oft ein, wenn ihm der Trubel in Assisi zu bunt wird. Ansonsten ist er hier, in Portiuncula, wenn er in der Gegend ist. Jedes Jahr zu Pfingsten allerdings, treffen sich alle Brüder des Ordens in San Damiano zur Hauptversammlung. Es ist wieder soweit, deshalb ist auch keiner hier zurzeit. Das ist ein Spektakel, Antonio. Mit drei Brüdern hat das Ganze recht bescheiden begonnen, mit Franz von Assisi, mit meinem Vetter Bernardo di Quintavalle und mit seinem Juristenkollegen Pietro Catanii. Mittlerweile sind es mehr als 5000 Brüder, die dort jedes Jahr zusammenkommen.«

Nachdenklich hielt Bruder Leonardo inne.

»Franz ist daran wenig gelegen«, hob er erneut an, »ihn interessiert nicht die Anzahl seiner Mitbrüder oder wie namhaft sie sind. Ihn interessiert einzig die wahre Nachfolge Jesu Christi. Deshalb hat er sich in eine einfache Kutte gekleidet und geht nach Möglichkeit barfuß. Geld möchte er nicht haben, ja nicht einmal in die Hand nehmen, denn er bezeichnet sich selbst als Büßer. Immer wieder ermahnt er uns, Gott zu lieben, unsere Sünden zu büßen, gut zueinander zu sein und Jesus auf dem rechten Weg nachzufolgen. Das ging sogar so weit mit seinem Eifer, dass er sich dem Kreuzzug

---

* *Habit* ist die Ordenstracht einer Ordensgemeinschaft, meist in der katholischen Kirche.

von Damiette anschloss. Du weißt vielleicht von Erzählungen der Alten, dass es immer wieder Kreuzzüge ins Heilige Land und in die Stadt Jerusalem gab. Nun, im Jahre 1219, also vor sechs Jahren, hat sich Franz dem Kreuzfahrerheer angeschlossen, um als Missionar nach Palästina zu gelangen. Er hat auf seinem Weg dorthin an der Nil-Mündung nahe von Damiette im Lager des muslimischen Heeres vor dem Sultan Al-Kamil gepredigt. Ich hätte niemals den Mut dazu gehabt, oder das Gottvertrauen.«

Bruder Leonardo trank einen Schluck Wasser und ich blickte durch die Zweige des Baumes in den Himmel über mir und konnte mir beim besten Willen nicht vorstellen, wie das sein mochte, in einem fremden, feindlichen Land vor Menschen von Gott zu sprechen, die einen ganz anderen Glauben hatten.

Bruder Leonardo schien meine Gedanken gelesen zu haben, denn er sagte: »Ja, Junge, deshalb ist auch Franz der Heilige und kein anderer!«

Er setzte sich zurecht.

»Und?«, fragte ich neugierig. »Hatte er Erfolg?«

Bruder Leonardo schüttelte traurig den Kopf.

»Francesco wollte zu viel, denke ich. Aber er ist eben ein Mann, der keine Kompromisse macht. Er wollte drei Ziele erreichen, bevor er wieder heimkehrte. Er wollte den Sultan zum Christentum bekehren, er wollte Frieden schaffen und dafür, wenn nötig, als Märtyrer* sterben. Franz brachte von dieser Reise ein Geschenk mit, das ihm der Sultan über-

---

* Ein *Märtyrer* ist jemand, der z.B. wegen seiner religiösen Überzeugungen getötet wird.

reicht hatte: ein kleines Signalhorn. Der Sultan schien sehr beeindruckt von Franz gewesen zu sein, dennoch konnte Franz die bevorstehende Schlacht nicht verhindern. Der Kreuzzug wurde fortgesetzt. Franz kehrte wieder einmal krank an Leib und Seele nach Hause zurück. Wieder hatte er Krieg und Grauen gesehen und das zehrte an ihm wie ein Geschwür.«

Wir schwiegen eine Weile, dann erhob sich Bruder Leonardo mühsam. Ich sprang auf meine Füße und half ihm hoch.

»Aufzustehen, nur um gleich wieder niederzuknien, scheint müßig«, lachte er leise, »und doch ist das der beste Dienst für den Herrn, den ich noch zu leisten vermag.«

Beim Erzählen war die Zeit nur so dahingeflogen. Ich hatte überhaupt nicht gemerkt, dass der Abend gekommen war. Wir gingen in die Kapelle zurück und knieten vor dem Kreuz nieder, um zu beten. Zu Hause beteten wir auch … am Tisch vor dem Essen, im Bett, vor der Nachtruhe, aber es waren kurze Dank- oder Bittgebete (zu Tische war es meist der Dank, vor dem Schlafengehen zumeist die Bitte, die geäußert wurde).

Bruder Leonardo kniete und betete fast eben so lang, wie ich vorhin unschlüssig vor der Tür der Kapelle gestanden hatte. Ich fragte mich, wie seine alten und knochigen Knie das aushielten, begannen meine doch schon nach wenigen Augenblicken heftig zu schmerzen. Um nicht an den Schmerz zu denken, begann ich schließlich tatsächlich zu beten. Ich dankte dem Herrn für meine Familie, für die Begegnung mit Selina, ich bat darum, dass ich sie wiedersah, bat um Erfolg meiner Reise und dankte noch einmal für das

Glück, so brave, gute Menschen auf meiner Reise angetroffen zu haben. Dann wanderten meine Gedanken abwechselnd zurück zu Selina und zu meinen schmerzenden Knien und ich fragte mich, ob es erlaubt war Gott zu bitten, dass das Gebet bald zu Ende sein würde.

Als ich schon dachte, ich würde es nicht mehr aushalten, regte sich Bruder Leonardo neben mir und schlug das Kreuz.

»Sei so gut, Antonio«, sagte er, »und hilf einem alten Mann noch einmal beim Aufstehen. Diesen kleinen Luxus will ich mir erlauben, solange du hier bist.«

Ich griff unter seinen rechten Arm und zog Bruder Leonardo auf die Füße. Er lächelte mich dankbar an.

»Komm mit mir, Antonio«, sagte er, »für deine Mühe möchte ich dir etwas zeigen.« Er schlurfte voran auf die Seitentür zu. Als wir hinausgetreten waren, griff Bruder Leonardo in einen behelfsmäßig errichteten Bretterverschlag, der an der Seite der Kapelle aufgestellt war, und zog eine kleine Holzkiste hervor. Er bat mich, sie in die Kapelle zu tragen und auf seinen Stuhl zu stellen. Dann wuschen wir uns draußen Gesicht, Hände und Füße und begaben uns anschließend zur Nachtruhe. Wir schlossen die Tür der Kapelle hinter uns zu. Eine Kerze spendete uns Licht. Als wir schließlich auf unseren Strohsäcken lagen und ich eine Decke über mich gebreitet hatte, zog Bruder Leonardo die Kiste zu sich herunter und strich zärtlich und sanft mit der Handfläche darüber. Dann klappte er den Deckel hoch und zog vorsichtig ein Tuch beiseite.

»Schau nur, Antonio«, flüsterte er andächtig, »sind sie nicht wunderschön?«

Er reichte mir eine kleine, aus Holz geschnitzte Figur. Sie hatte vier Beine, einen Schwanz und lange Ohren.

»Ein Esel«, rief ich aus, während mir Bruder Leonardo eine zweite Figur reichte. Auch sie hatte vier Beine, einen Schwanz, aber Hörner.

»Und ein Ochse«, sagte ich erstaunt.

Bruder Leonardo reichte mir mehr und ich stellte alle Figuren, die er mir gab, vorsichtig auf dem Boden der Kapelle ab. Da waren noch Schafe, eine Futterkrippe, ein Mann, eine Frau …

»Ein Engel?«, fragte ich atemlos, als er mir die letzte Figur in die Hand drückte.

Bruder Leonardo nickte und lächelte stolz.

»Der Verkündigungsengel«, sagte er. »Was du hier siehst, Antonio, ist die Geschichte der Geburt unseres Heilandes! Franz hat die Figuren geschnitzt. Es fehlt nur noch das Jesuskind. Siehst du? Die Krippe ist noch leer!«

Ich konnte noch immer nicht glauben, was meine Augen da sahen. Da waren Ochs und Esel, Josef und Maria, der Engel, die Hirten mit ihren Schafen vom Felde.

»Sie sind wunderbar«, flüsterte ich ehrfürchtig.

»Nicht wahr? Bruder Franz liebt diese Geschichte ganz besonders. Wir haben vor zwei Jahren in Greccio Weihnachten mit einer echten Krippe gefeiert. Franz hat die Weihnachtsgeschichte in einem Stall verlesen, dazu einen lebenden Ochsen vom Bauern aus dem Dorf in den Stall getrieben, und einen Esel danebengestellt.«

»Das gibt es doch nicht«, wisperte ich.

»Doch, mein lieber Antonio, doch«, lachte Bruder Leonardo, »unser Franz, der hat Ideen! Seit diesem Tag schnitzt er an dieser Krippe, wenn er hier ist, und wird die Arbeit hoffentlich in diesem Jahr beenden, sodass wir sie aufstellen können zur Weihnacht.«

Vorsichtig griff Bruder Leonardo nach den Figuren und verstaute sie behutsam wieder in der Kiste. Sie lagen in Stroh gebettet und wurden mit einem weichen Tuch bedeckt.

»Es wird wohl reichen, wenn wir sie morgen wieder an ihren Platz bringen«, meinte Bruder Leonardo und unterdrückte ein Gähnen. »Jetzt jedenfalls ist nicht die Zeit aufzustehen, sondern zu ruhen.«

Er blies die Kerze aus. Ein schummeriges Licht umhüllte uns, denn ein fahler Mond stand am Himmel und schien durch die geöffneten Fensterluken. Ich schloss die Augen und versuchte, all das Gehörte zu verarbeiten. Obwohl ich Bruder Franz noch nicht persönlich begegnet war, hatte ich dennoch das Gefühl, ihn schon sehr gut zu kennen.

Ich döste langsam ein, als Bruder Leonardo neben mir leise ein Lied summte. Erstaunt fuhr ich hoch.

»Bruder, verratet mir, was ist das für eine Weise?«, fragte ich ihn.

Ich meinte zu spüren, dass Bruder Leonardo im Dunkeln lächelte.

»Bruder Franz hat viele Talente«, sagte er, »er kann nicht nur Wunder vollbringen und wunderschöne Krippenfiguren schnitzten, er kann auch die herrlichsten Worte eines Lobgesanges aufschreiben und wiedergeben. Er hat dies im letzten Jahr geschrieben. Und auch das wollte er noch vollenden, wenn er wiederkommt.«

Und leise murmelnd in einem gleichmäßigen Singsang umhüllten mich die Worte zur Nacht und ich dachte an meine Heimat, die so fern war, an meine Eltern, an den kleinen Alanso und schließlich an Bianca, die genau diese Worte summte, wenn sie Alanso zum Einschlafen hinlegte. Ohne es zu wissen, hatte ein Teil von Franz schon Einzug bei uns gehalten, nämlich in den Worten und Melodien, die meine Schwester sang.

Und neben mir der alte Bruder Leonardo entschuldigte sich dafür, dass ihm viele Worte entfallen waren und suchte in seinem Gedächtnis nach der richtigen Weise, dann summte er folgende Worte:

Höchster, allmächtiger, guter Herr,
dein ist das Lob, die Herrlichkeit und Ehre und jeglicher Segen.
Dir allein, Höchster, gebühren sie und kein Mensch ist würdig, dich zu nennen.

Laudato si o mi signore, gelobt seist du, mein Herr, mit allen deinen Geschöpfen.
Laudato si o mi signore, gelobt seist du für die Sonne, den Mond und die Sterne. Am Himmel hast du sie geformt, klar und kostbar und schön.

Laudato si o mi signore, gelobt seist du, mein Herr, für den Wind, für das Wasser, für das Feuer und die Erde.
Laudato si o mi signore, gelobt seist du, mein Herr, für jene, die verzeihen um deiner Liebe willen.

Lobt und preist meinen Herrn
und dankt und dient ihm mit großer Demut.

»Ach, mir sind die ganzen schönen Worte entfallen«, flüsterte Bruder Leonardo, »der Text war viel länger und viel schöner, als ich ihn wiedergeben konnte. Verzeih dem Alter!«

»Wenn Ihr des Schreibens mächtig seid, Frater Leo«, sagte ich leise, »dann solltet Ihr die Worte aufschreiben, damit sie nicht verloren gehen! Und vielleicht auch alle Geschichten, die ihr über Franz zu erzählen wisst!«

»Eine gute Idee, Antonio«, murmelte Bruder Leonardo, »in der Tat, habe ich bereits damit begonnen. Und auch deinen Wolf werde ich erwähnen...«

»Wenn die Geschichte denn gut ausgeht«, erwiderte ich.

»Wenn sie gut ausgeht«, bekräftigte Bruder Leo.

»Hättest du Bruder Franz hier getroffen und das Lied von ihm persönlich gehört, du hättest gedacht ein Engel singe, so eine wunderschöne, klare Stimme hat er!«

Ich lächelte und erwiderte: »Meine Schwester singt es für meinen kleinen Bruder als Schlaflied. Sie weiß auch nicht alle Worte, aber auch ihre Stimme ist die eines Engels.«

»Dann ist es gut, Antonio, mein Freund!«, wisperte Bruder Leonardo noch und war gleich darauf eingeschlafen.

Ich blieb noch lange wach, roch an dem Lavendelsäckchen in meiner Tasche und dachte an Selina.

✳✳✳

KAPITEL 13

EIN BETTLER ERZÄHLT

Der nächste Morgen kam viel zu früh. Mitten in der Nacht hatte ich Bruder Leonardo aufstehen sehen und sich zum Beten wieder niederknien und auch in den frühen Morgenstunden hatte er das getan. Er hatte mich nicht geweckt, damit ich ihm behilflich sein sollte. Jetzt stand die Sonne bereits höher und ich stand auf.

Bruder Leonardo ließ sich nun wieder gern von mir helfen und wir schoben die Säcke an die Wand.

»Schlaft ihr immer hier in der Kapelle?«, fragte ich, und konnte nicht umhin zu denken, dass das wirklich ein armseliges Leben war. Doch ich schalt mich gleich selbst bei diesem Gedanken, denn Bruder Leonardo hätte es als ausgefüllt und reich bezeichnet, stand er doch im treuen Dienste seines geliebten Herrn. Für ihn gab es sicher nichts Wichtigeres oder Besseres.

»Nein, nein, wo denkst du hin«, lachte Bruder Leonardo, »ich schlafe sonst in einer der Reisighütten, im Sommer ist es allerdings kühler und angenehmer in der Kirche, und zuweilen bin ich untergebracht in einer kleinen Schlafkammer in San Damiano und manchmal bin ich auch in Assisi bei meiner Frau.«

Mir fiel vor Verblüffung die Holzschale aus den Händen, die ich gehalten hatte, um Wasser hineinzufüllen.

»Ihr seid verheiratet?«, platzte es aus mir heraus.

Bruder Leonardo sah mich an, und ich ärgerte mich über mein plumpes Verhalten. Doch Bruder Leonardo war nicht ärgerlich, er lachte los, lange und schallend und hielt sich dabei die Hand auf den Bauch.

»Sicher, Junge, sicher«, sagte er schließlich prustend, »ich bin viele Jahre älter als unser lieber Bruder Franz und als der Ruf des Herrn mich ereilt hat, da stand ich mitten im Leben. Meine Donna Mica hat mir zwei wunderschöne Töchter geschenkt und sie sind mittlerweile selbst Mütter geworden. Ich habe drei gesunde Enkelkinder, gesegnet seien sie.«

»Und dann lebt ihr hier?« Ich konnte es nicht fassen.

»Wenn der Ruf dich ereilt und du ihm folgst«, erwiderte Bruder Leonardo schlicht, »dann ist es egal, in welcher Lebenssituation er dich antrifft. Du lässt alles stehen und liegen und folgst.«

»Wie der Heilige Petrus«, flüsterte ich.

»Wie der Heilige Petrus«, bekräftigte Bruder Leonardo, »er stand am Boot, kam vom Fischen und Jesus hat ihn aufgefordert, mit ihm zu gehen. Nicht jeder vernimmt den Ruf, und nicht jeder, der ihn vernimmt, folgt ihm. Aber, Antonio, wenn du ihn hörst und deine Sehnsucht so groß ist, dass es schmerzt, dann musst du folgen. Zumindest war es bei mir so und meine liebe Frau hatte dafür Verständnis. Sie zog unsere Töchter im Glauben an den Herrn auf und ab und an besuche ich sie.«

Er wickelte das Zingulum* um seine Kutte und band sie damit eng zusammen. Bruder Leonardo war mager.

»Aber ich war keusch** seit dem Tage, da ich folgte«, lachte er, »falls es das ist, was dich interessiert.«

Wieso konnten nur immer alle meine Gedanken lesen? Oder standen sie etwa deutlich auf meiner Stirn geschrieben?

Nach dem gemeinsamen Frühstück, von dem auch unsere kleine Freundin Lucie auf vier Pfoten wieder etwas abbekam, verabschiedeten wir uns. Bruder Leonardo zog mich an seinen dürren Leib und küsste mich auf beide Wangen und die Stirn, dann segnete er mich.

»Antonio, ich wünsche dir Erfolg bei deinem Vorhaben«, sagte er, »und wenn Bruder Franz hierherkommt, dann berichte ich ihm von dir und deinem Wolf! Dann mag er entscheiden, ob er nach Gubbio wandert oder nicht. Was hast du nun vor?«

Ich überlegte nicht lange. »Ich werde mich auf den Heimweg machen. Ich bin schon zu lange fort und ich muss meine Familie unterstützen. Bruder Franziskus kann überall sein, Italien ist groß und wer weiß, wo er gerade Wunder tut und den Menschen hilft. Ich bete einfach, dass er mir auf meinem Weg begegnet …«

---

* Als *Zingulum* bezeichnet man die weiße Schnur oder Kordel, mit der die Kutte oder der Habit zusammengehalten wird.
** Keuschheit gehört zu einem der Gelübde, die man als Mönch ablegt und bedeutet, dass man auf sexuelle Handlungen verzichtet. Die natürliche Schamhaftigkeit soll nicht verletzt werden.

Bruder Leonardo nickte zustimmend. Dann schlug er das Kreuz über mir und humpelte in die Kapelle zurück.

Ich ließ die Portiuncula hinter mir, auch San Damiano und Assisi. Ich hatte alles versucht, um Franz zu finden, jetzt musste ich darauf vertrauen, dass er mich fand. Ich schlenderte durch die Felder und bemerkte, dass mich Lucie ein Stück begleitete. Wahrscheinlich erhoffte sie sich noch ein Stückchen Wurst oder Brot. Instinktiv wollte ich sie verscheuchen, wie wir das zu Hause mit Streunern taten, denn ein ums andere Mal hatten auch schon sehr selbstbewusste Streuner Schafe gerissen. Doch ich erinnerte mich an die Worte von Bruder Leonardo und besann mich. Ich kramte in meinem Beutel und rief nach ihr. Sie kam auch an, blieb aber, einen sicheren Abstand zwischen uns während, stehen.

»Ist schon gut, Lucie«, lachte ich und warf ihr das Stück Brot zu, das ich in meiner Hand hielt. »Lass es dir schmecken!« Die Hündin schnappte das Brot aus der Luft und war im selben Augenblick damit in den Feldern verschwunden. Ich lächelte ihr nach und schritt dann gut gelaunt und vor mich hin pfeifend von dannen.

Ich durchwanderte einen kleinen Hain voller Olivenbäume und als ich ihn wieder verließ, blickte ich mich ein letztes Mal nach Assisi um. Die Stadt lag weiß glänzend an ihren sanften Hängen und dahinter ragte der Monte Subasio majestätisch empor. Ein grandioser Anblick, und ich nahm mir fest vor, einmal wieder hier her zu wandern, um die Stadt zu besuchen. Dabei dachte ich auch an mein Versprechen, das ich Alanso, dem Ziegenjungen, gegeben hatte. Inständig hoffte ich, dass meine Geschichte tatsächlich ein gutes Ende nehmen würde und ich ihm davon berichten konnte.

Ich wandte mich der Straße zu und machte mich auf den Weg nach Valfabbrica. Ich wanderte allein und war schnell, sodass ich hoffen durfte, noch am selben Abend vor dem Dunkelwerden die Stadt zu erreichen. Heute waren nur wenige Händler unterwegs, denn der Markt in Assisi dauerte zwei Tage und hatte gestern begonnen. Ab und zu überholte ich ein einzelnes Gespann oder eine kleine Gruppe von Pilgern kam mir entgegen. Da würde Bruder Leonardo eine Menge Leute empfangen und viel zu erzählen haben.

Am frühen Nachmittag machte ich eine Pause. Ich schätzte, dass ich mehr als die Hälfte des Wegs geschafft hatte. Nahe einer kleineren Ortschaft setzte ich mich etwas abseits vom Weg in den Schatten einer Zypresse und ruhte mich ein wenig aus.

Einige Menschen zogen auf der Straße an meinem Plätzchen vorbei. Ein Mädchen trug einen Korb voller Wäsche in eines der Häuser und zwei Jungen spielten weiter unten mit Kieselsteinen. Ich glaube, dass ich für einen Moment eingedöst war, denn als ich erwachte, fiel ein Schatten auf mein Gesicht. Ich blinzelte. Über mir stand ein Mann in Lumpen. Ein Bettler, der nur wenig bei sich trug. Er hatte seine Decke zusammengerollt als Bündel über seinen Rücken gehängt und humpelte nun einen Schritt auf mich zu.

»Und? Junge?«, fragte er. »Hast du San Damiano gefunden und auch den, nachdem du suchtest?«

Ich verstand nicht gleich, woher der Bettler das wusste, und ich ärgerte mich auch über seine Ansprache. Warum sahen alle immer nur den Knaben in mir und nicht den

Mann, der ich ja schon fast war? Immerhin lag mein vierzehnter Geburtstag schon einige Wochen hinter mir. Dann erkannte ich ihn. Es war der Bettler aus Assisi, den ich nach dem Weg zum Kloster gefragt hatte. Ihm fehlte die rechte Hand.

»Ich heiße Antonio«, sagte ich.

»Ich bin Enzo. Darf ich dir Gesellschaft leisten, Antonio?«, fragte er und ließ sich mühsam auf den Boden sinken.

Eigentlich wollte ich wieder aufbrechen, denn am Stand der Sonne sah ich, dass ich tatsächlich geschlafen haben musste. Nur, wenn ich mich jetzt beeilte, würde ich Valfabbrica noch vor dem Abend erreichen. Es passte mir gar nicht, jetzt aufgehalten zu werden.

»Verzeih«, sagte ich also so höflich, wie ich konnte, »aber ich habe noch einen weiten Weg vor mir und möchte gleich aufbrechen.«

»Nun, zwei Minuten wirst du sicherlich erübrigen können«, sagte der Bettler. Er erinnerte mich sehr an den alten Seppo zu Hause. Auch er schaffte es immer irgendwie, obwohl er keinen Vorwurf in der Stimme hatte, dass man ein schlechtes Gewissen bekam, wenn man nicht so handelte, wie er es für gut befand.

»Wohin möchtest du wandern?«, fragte Enzo.

»Nach Valfabbrica«, sagte ich, »und dann nach Hause.«

Der Bettler lächelte. Zahnlos war er und roch entsetzlich aus dem Mund.

»Dann haben wir den gleichen Weg, Junge«, meinte er, »dann können wir ein Stück gemeinsam gehen. Ich bin bereits gestern aus Assisi aufgebrochen, wie du siehst, brauchen meine Beine etwas länger für den Weg.«

Auch das noch. Ich ärgerte mich über mich selbst. Wieso hatte ich verraten, wohin ich gehen wollte? Jetzt hatte ich auch noch einen lahmen, alten Mann am Hacken, der mich nur aufhielt.

»Und? Junge? Antonio?«, fragte er erneut. »Hast du gefunden, wonach du suchtest?«

»Ja und nein«, erwiderte ich und zwang mich, nicht unfreundlich zu klingen. Und genau genommen, hatte ich es ja auch gar nicht so eilig. Insgeheim hatte ich beabsichtigt, bei Selina und Daniele vorbeizuschauen und gehofft, sie mögen mir Quartier anbieten für die Nacht, aber das konnte ich ebenso gut auch morgen noch tun. Ich entspannte mich und fügte mich in mein Schicksal.

»Den Weg nach San Damiano habe ich gefunden«, erwiderte ich, »auch den Weg zur Portiuncula. Doch Bruder Franz, den habe ich nicht gefunden.«

Der Alte setzte sich zurecht und ich sah, dass seine Füße lediglich in Lumpen gehüllt und mit einer Schnur umwickelt waren. Ein Schauder lief mir über den Rücken, als ich mir vorstellte, wie seine Füße darunter aussehen mochten. Ich schüttelte mich leicht.

»Was möchtest du, dass Bruder Franz tut … ein Wunder?«, krächzte Enzo. Er lachte dabei, und zum ersten Mal schwang Spott mit, wenn jemand von den Wundern des Bruders sprach.

Erstaunt und neugierig sah ich den Bettler an. »Du glaubst nicht, dass er Wunder vollbringen kann?«, fragte ich.

Der Alte neben mir gackerte. »Doch, doch, Junge! *Jetzt* schon!«

Mir wurde der Alte und das, was er sagte immer rätselhafter.

»Magst du mir erklären, wie du das meinst?«, fragte ich und spürte eine Ungeduld in mir aufsteigen. »Was meinst du mit ›jetzt schon‹ … Meinst du, dass *du jetzt* glaubst, dass er Wunder vollbringen kann, oder meinst du, dass *er erst jetzt* Wunder vollbringen kann …«

Welches Geheimnis aus dem Leben von Bruder Franz würde sich mir nun durch den Alten offenbaren? Mich konnte nichts mehr aus der Bahn werfen, hatte ich doch gehört, dass Franziskus ein Ritter gewesen war, ein Dieb, vielleicht ein Mörder. Was sollte es jetzt noch Schlimmes von ihm zu berichten geben?«

»Beides«, erwiderte Enzo, »das ist eine gute Geschichte für eine längere Rast und nicht nur für zwei lausige Minuten, aber dann wirst du heute Valfabbrica nicht mehr erreichen.«

»Das ist nicht schlimm«, lachte ich, »nie habe ich gehört, dass eine Stadt über Nacht wegläuft.«

»Glaub, was du willst«, sagte Enzo, »aber auch das soll schon vorgekommen sein. In Arabien erzählt man sich, dass eine ganze Stadt versetzt wurde, über Nacht von einem Ort zum anderen. Auch in anderen Ländern soll es Wunder geben …«

Der Alte lachte auf. Ich zwang mich, nicht auf seinen Mund zu starren, der dabei ganz schief wurde und atmete aus der anderen Richtung ein, um den Geruch nach Fäulnis nicht in die Nase zu bekommen, der aus ihm herausströmte.

»Du warst in Arabien?«, fragte ich.

»Natürlich, oder was meinst du, wo meine rechte Hand

geblieben ist?« Enzo hielt den Stumpen hoch. Wieso war ich immer noch so erstaunt darüber, wenn die Menschen mir von ihrer Vergangenheit erzählten. War ich wirklich noch nicht alt genug, um eine eigene Geschichte zu haben, um verstehen zu können, dass das Leben der meisten älteren Menschen voller erwähnenswerter Geschichten steckte?

»Ich habe noch ein wenig Käse und Brot von Bruder Leonardo«, sagte ich, um von Enzos verstümmeltem Arm abzulenken und wickelte mein Bündel auseinander.

Der Alte neben mir ließ seinen Arm sinken und murmelte: »Du hast recht, Antonio, das ist eine andere Geschichte.« Dann betrachtete er die Gaben mit leuchtenden Augen.

»Ah«, sagte er und ließ seine Zunge schnalzen, »das ist das weiche Brot der Klarissinnen, das können selbst meine Kiefer malmen. Klara war ein hübsches Mädchen in ihrer Jugend und ihre jüngere Schwester erst, die wunderbare Agnes!«

»Du kanntest sie?«, fragte ich aufgeregt.

»Ich *kenne* sie!«, antwortete Enzo. »Und ich kenne auch Bruder Leonardo, seine Frau, seine Töchter und seine Enkelkinder. Und ich kenne deinen Bruder Franz, nach dem du suchst!«

»Er ist sicher nicht *mein* Bruder Franz«, warf ich ein, »aber ja, ich suche nach ihm!«

Weil ich mir sicher war, dass auch Enzo von mir hören wollte, wieso ich nach Bruder Franz suchte, erzählte ich kurz und knapp von unserem Wolfsproblem und ließ absichtlich die ganze Geschichte mit Selina aus.

Enzo zog die Luft ein und meinte dann: »Na, wenn Bruder Franz noch genauso stark und überheblich ist, wie in seiner Kindheit und Jugend, dann packt der den Wolf einfach am Kragen und schleift ihn aus deinem Wald hinaus. Hochkantig rauswerfen wird er ihn.« Enzo lachte und lachte und ich dachte schon, er beruhigt sich gar nicht mehr, als er schließlich leiser wurde und sich räusperte.

»Gut, Antonio aus Gubbio«, sagte er endlich, »dann höre nun meine Geschichte.«

Enzo schlug die Beine übereinander und begann zu erzählen:

»Jeder heutzutage redet von Bruder Franziskus als dem heiligen Bruder Franz, der wie Jesus lebt, ihm in allem nachfolgt, an Gott glaubt und sogar Wunder tut. Das alles ist richtig, und ich maße mir nicht an, das in irgendeiner Weise in Frage zu stellen. Aber es gibt auch den anderen Franz, den Selbstherrlichen, Franz, den Überheblichen, den Eitlen, Franz, den verzogenen Bengel Francesco.

Du musst wissen Antonio, dass Francesco ursprünglich auf den Nahmen Giovanni getauft wurde. Donna Pica liebte diesen Namen und liebte ihren Sohn. Doch Signore Pietro, der war, bedingt durch seinen Beruf, oft unterwegs. Am liebsten bereiste er Frankreich, weil er die feinen Manieren und Sitten verehrte und dort natürlich auch gute Geschäfte machte.«

Ich erinnerte mich, dass Pica Bernardone, als sie nach meinem Arm gegriffen hatte, Bruder Franziskus als *ihren Giovanni* bezeichnet hatte, jetzt verstand ich, warum.

»Als Pietro Bernardone von einer seiner Frankreichfahrten zurückgekehrt war und seinen Sohn Giovanni das erste Mal erblickte, da rief er ihn Francesco, kleiner Franzose. Seit diesem Tag wurde Franz niemals mehr anders gerufen, außer vielleicht von seiner Mutter. Ich kannte sie alle, musst du wissen, denn ich war schon immer arm, arm geboren, arm bin ich jetzt, arm werde ich sterben. Und schon immer musste ich mir mein Brot erbetteln, vorzugsweise vor den Türen der Reichen. Aber die Reichen der Stadt, das sage ich dir, die sind alle ein wenig verrückt. So merkwürdig sich das auch anhört, ich glaube, selbst das Armsein können sich nur die Reichen erlauben, weil ihnen der Überfluss zu den Ohren heraushängt und sie es als Abenteuer sehen, einmal anders zu leben. Franz war der Erste, der dem Reichtum entsagte und ihm folgten Dutzende, ja Hunderte.«

Allmählich beschlich mich das Gefühl, dass Enzo verbittert war. Ich konnte noch nicht genau sagen wieso, aber er war bitter und enttäuscht von seinem Leben und hatte einen Zorn auf andere entwickelt, die so lebten wie er, dafür aber freiwillig alles aufgaben.

»Wenn du jetzt denkst, dass ich verbittert bin«, sagte Enzo, »dann hast du damit nicht ganz Unrecht. Ich war verbittert. Stell dir das einmal vor, Antonio, ich habe nie eine Wahl gehabt, ich war immer arm. Und dann bin ich auf einem der Kreuzzüge auch noch verstümmelt worden. Das Schicksal hat es wahrlich nicht gut mit mir gemeint, oder Gott nicht. Wenn du so willst, lebe ich seit ich geboren bin wie Jesus: herumwandernd durch die Lande und bettelnd.

Franz war reich und hat alles aufgegeben. Ihn bewundern die Leute für sein neues Leben in Armut, mich scheuchen sie davon, wie einen streunenden Hund. Und da soll man nicht bitter werden? Aber, mein lieber Antonio, ich habe das hinter mir gelassen. Im Alter wird man weise. Meine Situation wird nicht wesentlich besser, wenn ich auch noch darüber schimpfe, im Gegenteil. Wenn man nicht seinen Frieden mit seinem Schicksal macht, dann ist das schlimm für den Seelenfrieden.«

Ich nickte. Mein Vater hatte das auch einmal zu mir gesagt, als ich noch klein war und es ungerecht fand, dass viele Burschen in Gubbio bessere Schuhe hatten als ich oder einen wärmeren Mantel.

›Neid vergiftet das Herz‹, hatte Vater gesagt, ›lerne, dich mit anderen zu freuen und neide ihnen Dinge nicht!‹ Das war schwer, und ich konnte Enzo sehr gut verstehen, als er weitersprach.

»Franz wuchs wohlbehütet auf, er musste nichts entbehren. Alles, was er haben wollte, bekam er«, fuhr Enzo fort, »und für einen bürgerlichen Sohn genoss er eine vergleichsweise hohe Bildung. Der gute Bernardone hatte vor, dass sein Sohn später das Geschäft übernehmen und Kaufmann werden sollte. Also meldete er ihn in der Schule der Pfarrei San Giorgio an, wo er Lesen, Schreiben und Rechnen lernte. Auch ein wenig Latein lernte Franz, denn man hörte ihn zuweilen Verse rezitieren, wenn er durch die Gassen von Assisi lief. Er war das wohlbehütete, aber auch überhebliche Kind reicher Eltern, das nicht links und rechts seines Weges schaute. Uns Bettler würdigte er keines Blickes und wenn er doch einmal in die Situation kam, dass er nicht an uns vorbeischauen konnte, dann sah man seinen angeekelten Gesichtsausdruck.

Später, in seiner Jugend, führte Franz sich auf wie ein Gockel. Er sah unglaublich gut aus, hatte die feine und edle Statur seiner Mutter, aber das einnehmende, vordergründige Wesen seines Vaters. Immer wieder lud er seine Freunde zu Festlichkeiten ein, verprasste das Geld, warf damit nur so um sich.«

Enzo hatte sich richtig in Rage geredet, doch als er weitersprach, wurde seine Stimme ruhiger: »An diesen Franz möchte sich keiner gern erinnern, doch es hat ihn auch gegeben. Er führte ein ausschweifendes Leben. Warum auch nicht? Sein Vater hatte genug Geld, um ihm all seine Launen, all seine Feste und all seine Freunde zu bezahlen. Immer war er der Mittelpunkt seiner Feiern, sang für die Maiden zu ihrer Unterhaltung und schmiss mit seiner Eitelkeit nur so um sich.«

Enzo wirkte müde. Er hielt inne und wir beobachteten gemeinsam ein Weilchen die beiden Jungen, die immer noch mit ihren Kieselsteinchen spielten. Ihr helles Lachen und ihre Freude dabei wehten zu uns herüber.

»Vielleicht musste Franz genau so sein, damit er sich eines Besseren besinnen konnte«, sagte ich zögerlich. »Der alte Seppo, unser Nachbar, sagt immer, dass es manchmal nur kleine Veränderungen sind, die die Menschen auf den richtigen Weg bringen, dass es manchmal aber einer Wandlung von Schwarz auf Weiß bedarf, um wirklich Großes zu bewegen.«

Ich befürchtete schon ein wenig, dass Enzo ungehalten werden und mir widersprechen würde, doch zu meiner Erleichterung nickte er mit dem Kopf.

»Da hat dein Seppo nicht ganz Unrecht«, sagte er. »So eine völlige Kehrtwendung kommt nur selten vor und deshalb ist sie für den, der sie durchlebt und für die Menschen in seinem Umfeld, die daran teilhaben, auch so einschneidend. Diesen Zeitpunkt der Wende nicht zu verpassen, ist wahrscheinlich das ganze Geheimnis. Nun lass mich dir von dem Wendepunkt erzählen, an den Franz kam.«

Ich reichte Enzo noch ein Stück vom Käse und gab ihm auch aus meinem Wasserschlauch zu trinken. Mit seiner welken und zitternden Hand griff er danach.

»Danke, Junge.« Seine Augen blickten mich freundlich und auch etwas wehmütig an.

Enzo räusperte sich. »Ich persönlich glaube, dass das Wirken Gottes schon viel eher Eindruck auf Franz machte als sein Kriegserlebnis und seine Gefangenschaft. Dass der Weg für ihn schon in seiner Kindheit und Jugend bereitet wurde. Wie ich darauf komme, fragst du dich? Nun, dann lass mich dir von einem Tag erzählen, da mag Franz vielleicht so alt gewesen sein wie du jetzt, da zeigte sich das Schwarz in seiner Seele und auch die Wandlung ins Weiße das erste Mal.

Franz hatte am Vorabend wieder ein Fest gegeben. Viele Freunde aus der Stadt hatte er eingeladen. Die besten Speisen hatte er ihnen aufgetischt und der Lärm war bis weit in die Morgenstunden hinein zu hören gewesen. Wir Bettler warteten geduldig ab, bis der Morgen graute, denn dann würden wir uns an den Resten gütlich tun können, die die Diener immer auf die Straßen warfen. Hunde, Krähen und Bettler warteten gleichermaßen auf das Ende der Festlichkeit. Ich war schon alt zu jener Zeit, vielleicht noch nicht so gebrechlich wie heute, aber auch nicht mehr in der Blüte meiner Jahre. Ich ergatterte nur ein abgenagtes Hühnerbein und war enttäuscht und hungrig. Auch war ich in dieser Zeit von den Gefühlen der Ungerechtigkeit und des Neides geleitet und wollte mich nicht damit zufriedengeben. Ich wartete also, bis das Geschäft der Bernardones an diesem

Tag öffnete und setzte mich dann direkt vor ihre Tür. Es war nicht gern gesehen, dass wir uns zu Geschäftszeiten vor Läden und auf dem Markt blicken ließen und in der Regel hielten wir uns an diese stumme Vereinbarung. Doch an jenem Tag war mir alles egal. Doch niemand, der an mir vorbeiging, ließ eine Münze in meine ausgestreckte Hand fallen. Ich hätte mich auch mit Essen zufriedengegeben, irgendetwas, das vom Vortage übrig geblieben war. Doch niemand kam und gab mir etwas.

Zur Mittagszeit sah ich dann Franz die Straße heraufkommen. Er wirkte frisch und ausgeschlafen und wollte nun in den Laden seines Vaters gehen, um dort zu helfen. Auch ihm streckte ich meine Hand entgegen, auch er gab mir nichts. Er sah mich nicht einmal an. Gleich darauf betrat eine edle Dame sein Geschäft und ich hörte seine umschmeichelnde Stimme. Er pries die Schönheit der Dame, die in meinen Augen aussah wie eine alte Schachtel und ich hörte das kokette Auflachen der Signora, die sich gebärdete wie eine liebeskranke Katze. Ich weiß nicht genau, ob es das war, was schließlich den Ausschlag für meine ungeheure Tat gegeben hatte oder das Umwerben und Anpreisen der neuesten und edelsten Stoffe aus Frankreich, die nur allzu gut zu der wunderschönen Augenfarbe der Signora passen würden. Auf jeden Fall erhob ich mich und trat auf die Ladentür zu. Ich blickte hinein und als mich immer noch niemand beachtete, trat ich schließlich über die Schwelle.«

Ich sog die Luft scharf ein und blickte Enzo aus großen Augen an.

»Das hast du gewagt?«, fragte ich leise und konnte nicht umhin, den alten Bettler dafür ein wenig bewundern.

»Das habe ich gewagt«, erwiderte Enzo schlicht, »ich schlurfte auf die beiden zu, die am Verkaufstresen standen, und bat um eine kleine Gabe.«

Ich wartete gespannt, dass Enzo weitererzählte, ich wagte es nicht, ihn zu stören. Doch Enzo schwieg lange und nachdenklich.

»Ich weiß nicht, was genau ich erwartet hatte«, sagte Enzo schließlich leise, »aber was dann geschah, ließ mir das Blut in den Adern gefrieren. Donna di Antoli, das war die Dame, schrie auf, als hätte sie eine Bestie gesehen. Angewidert deutete sie auf mich und schrie: ›Eine solch widerliche Kundschaft duldet Ihr in Eurem Laden, Francesco? Er beschmutzt ja alles und stinkt entsetzlich. Hier kann ich keine Stoffe kaufen!‹ Und dann rauschte sie an mir vorbei und stob zur Tür hinaus. Ich selbst kam gar nicht dazu, meine Hand auszustrecken und mein Anliegen vorzubringen. Wie ein Stier, der ein rotes Tuch sieht, schoss Francesco auf mich zu, packte mich am Kragen und warf mich kurzerhand zur Tür hinaus.

›Was fällt dir ein, du stinkendes Schwein‹, schimpfte er, ›dass du es wagst! Lass dich hier nicht wieder blicken. Am besten ist, du stirbst noch heute, denn Überflüssiges stinkt zum Himmel!‹

›So ist's richtig‹, hörte ich noch Donna di Antoli pikiert schnauben und auch die anderen umstehenden Leute pflichteten ihr und Franz bei.

Dann drehte Franz auf dem Absatz um und knallte die Ladentür hinter sich zu. Er ließ mich im Dreck auf der Straße liegen. Lange konnte ich nicht aufstehen. Mein Bein schmerzte und mein Herz. Seine Worte hatten mich tiefer verletzt als der Sturz. Endlich schaffte ich es, mich hoch-zurappeln und humpelte die Straße hinunter, immer das wutverzerrte, mit Abscheu und Ekel gespickte Gesicht von Francesco Bernardone vor meinem inneren Auge. Wie der Teufel war er, wie der Teufel persönlich, dachte ich.«

Zutiefst erschrocken sah ich Enzo an und ergriff, einem Impuls folgend, seine Hand. Ich hielt sie in meiner, versuchte ihm Trost zu geben für etwas, das mehr als zwanzig Jahre her war. Er drückte mich kurz, wie zur Bestätigung und fuhr dann fort:

»Aber damit war es ja nicht getan, Antonio. Ich habe dir ja versprochen, von einem Wendepunkt zu berichten. Und dieser Wendepunkt für Franz kam kurz darauf. Ich hatte das Ende der Straße noch nicht ganz erreicht, als ich hinter mir ein Rufen und eilige Schritte vernahm. Als ich mich umdrehte, um herauszufinden, wer nach mir rief, stockte mir das Herz. Franz war es, der auf mich zu rannte. Und ich dachte, jetzt würde er mich eigenhändig von der Welt wischen und – wie nannte er es? – das Überflüssige, das zum Himmel stinkt, ausmerzen. Doch als meine Augen seine Augen fanden und ich in sein Gesicht blickte, da sah ich keine Wut mehr, keinen Hass, keinen Ekel. Da stand die pure Reue in seinem Gesicht geschrieben.

Dicht vor mir kam er zum Stehen, steckte mir einen prallen Beutel voller Münzen zu und weinte fast, als er sagte: ›Verzeih einem Esel, verzeih mein Verhalten. Ich weiß nicht, was über mich gekommen ist, dich so zu behandeln. Aber ich weiß auch nicht, was jetzt über mich gekommen ist, es wieder gut zu machen. Hörst du, Enzo, ich weiß gar nichts mehr.‹ Er schrie mir die Worte fast entgegen. Dann war er auch schon wieder weg. Ich stand da mit dem Beutel voller Münzen in der Hand, wunderte mich über das, was gerade geschehen war und auch, dass Franz überhaupt meinen Namen kannte.«

Enzo unterbrach seine Erzählung für einen Moment. Er entzog mir seine Hand und kratzte sich an der Wange.

»Weißt du, Antonio«, sagte er nachdenklich, »ich glaube fast, dass das auch für mich ein Wendepunkt war. Kurz schossen mir Bilder durch den Kopf, was ich mir alles kaufen konnte von den vielen Münzen, wie lange ich damit satt sein würde, doch ich hatte die ganze innere Zerrissenheit dieses Jungen gesehen, der allen gefallen wollte, ja musste, der tat, was von ihm erwartet wurde, der nach Anerkennung strebte … der der Francesco des Vaters und der Giovanni der Mutter war, der selbst nicht wusste, wer er war oder sein wollte … In diesem Moment machte ich meinen Frieden mit meiner Armut, Antonio. Ich ging zu meinen Bettlerfreunden und verteilte die Münzen unter ihnen.«

Enzo atmete aus und schaute in den Himmel.

»Es wird schon dunkel«, stellte er fest. »Komm mit mir, ich habe gestern bei diesen braven Leuten dort Einkehr im Stall halten dürfen, vielleicht erlauben sie es uns für eine zweite Nacht.«

Ich half Enzo beim Aufstehen, wie ich es auch bei Bruder Leo getan hatte und ging mit ihm hinüber zu dem Gebäude, in welches Stunden zuvor das Mädchen mit dem Wäschekorb verschwunden war.

Wir klopften und baten um Schutz für die Nacht. Der Hausherr war ein freundlicher Mann und wies uns seinen Stall zu. Zwischen Ziegen und Schafen machten wir es uns bequem. Maria, die Tochter des Hausherrn kam und brachte uns Suppe. Wir waren zufrieden.

»Viele Jahre später traf ich erneut auf Franz«, setzte Enzo schließlich seine Erzählung fort, »er war inzwischen in den Krieg nach Perugia gezogen und in Gefangenschaft geraten. Als er wieder zu Hause war, war er wie ausgewechselt. Krank an Leib und Seele. Und man konnte spüren, dass eine große Veränderung in ihm vorgegangen war. Mein Leben war bis dahin in immer gleichen Bahnen verlaufen, seins war geprägt durch Wendepunkte. Als er dann eines Tages nach Rom aufbrach zu einer Pilgerfahrt, sprach er mich auf der Straße an. ›Guter, alter Enzo‹, sagte er, »gibt es dich also immer noch! Weißt du noch, wer ich bin? Schlecht habe ich an dir gehandelt und nur wenig meine Schuld abgegolten. Wenn du magst, lieber Enzo, dann tausche deine Kleidung mit mir. Du bekommst die guten, warmen Sachen, und ich will deine Lumpen nehmen.‹ Ich schwöre, Antonio, das waren seine Worte. Wir haben also die Kleider getauscht und dies sind sie noch immer, die ich trage, mehr oder weniger gut erhalten.«

Enzo deutete auf ein großes Loch in seiner Hose und lachte dabei.

»Ab diesem Moment war er der Franz, von dem heutzutage jeder spricht«, beendete Enzo seinen Bericht, »Franziskus von Assisi, der Wunder tut, der Jesus nachfolgt und der sicher eines Tages heiliggesprochen wird, jede Wette darauf!«

Kurz bevor wir einschliefen, sagte Enzo noch: »Junge, vertrau darauf, dass er dich findet. Er wird von dir und deinem Wolf hören und dir sicher helfen.«

Was blieb mir anderes übrig, dachte ich, das hatte ich mir

ja schon vorgenommen, als ich bei Bruder Leonardo aufgebrochen war. Mit dem Lavendelsäckchen in der Hand und den letzten Gedanken an Selina schlief ich ein.

Ich träumte:

Hell schien die Sonne durch den heimatlichen Wald. Die sanften Hügel von Gubbio waren orange und gelb gefärbt. Der Sommer stand satt in den Feldern ringsumher und es duftete nach Lavendel. Lavendel? Schoss es mir im Traum durch den Kopf, bei uns roch es nie danach, es sei denn, Vater hatte Lavendel vom Markt in Perugia mitgebracht.

Glockenhell erklang ein Lachen hinter mir und als ich mich umdrehte, wehte schwarzes, glänzendes Haar an mir vorüber.

»Komm schon, Antonio, mein Lieber«, neckte mich Selina, »ob du mich wohl fangen kannst?« Und sie flog an mir vorbei, Meppino an ihrer Seite, freudig kläffend. Doch in meinem Traum lief da ein zweiter Hund, groß und grau, und ich erschrak. Es war kein Hund, es war der Wolf. Er lief hinter Selina, sie sah ihn nicht kommen. Meppino bellte und sprang an Selina empor, auch er sah die Gefahr nicht. Ich rief so laut ich konnte und zum Glück hörte Selina mich. Sie wandte sich mir zu und erblickte den Wolf in vollem Lauf. Doch anstatt wegzulaufen, auf einen Baum zu klettern oder wenigstens nach einem dicken Knüppel zu greifen, lachte Selina und lief dem Wolf entgegen.

Ich stand starr vor Schreck, doch der Wald war nicht düster, wie in den Träumen zuvor, die Vögel zwitscherten und die Sonne schien mit voller Kraft. Der Wolf erreichte Selina und Meppino und fiel ein in ihren Reigen und ihr Tanzen und Laufen. Er sprang um sie herum, wedelte mit dem Schwanz und tollte, drehte sich und japste, wie der alte Meppino. Er rollte über den

Boden und ließ sich von Selina streicheln. Ausgelassen spielten sie auf dem Waldboden, Meppino und der Wolf dicht neben Selina, und dann fiel sie auf den Rücken und blickte in die Sonne über sich und lachte und lachte.

***

KAPITEL 14

NACH HAUSE

Enzo ist schon fort«, sagte Maria, als sie morgens kam und mir zu essen brachte. Ich hatte lang und ausdauernd geschlafen und fühlte mich erfrischt. Als ich die Augen aufgeschlagen hatte, hatte ich gesehen, dass Enzos Lager bereits verlassen war. Doch ich dachte mir nichts dabei. Vielleicht musste er dringend oder er wusch sich draußen.

Deshalb war ich liegen geblieben, bis Maria kam und mir zu essen brachte. Der Morgen war bereits weit fortgeschritten. Die Sonne hatte schon Kraft. Als Maria mir eröffnete, Enzo sei schon fort, war ich merkwürdigerweise enttäuscht und nicht erleichtert.

»Er wollte dir nicht zur Last fallen«, meinte Maria, »ohne ihn seist du schneller unterwegs. Und er wollte nicht, dass du dich gezwungen fühltest, bei ihm zu bleiben.«

Was für ein außergewöhnlicher Mensch, dachte ich bei mir. Ich musste an seine Worte denken, dass die Menschen in ihm immer nur den Bettler sahen, weil sie ihn nicht anders kannten, aber nie den Menschen Enzo dahinter, der mindestens genauso gut und gottesfürchtig war wie Franz. Sollte er etwa recht haben? Dass die Menschen Franz nur deshalb so verehrten, weil bei ihm die Bekehrung, die Umkehr so vehement, so drastisch gewesen war? Zählten wirklich nur die großen Gesten? Oder war es nicht vielmehr der Glaube von Franziskus, der tiefgründig und nachhaltend Eindruck machte …

Ich aß, wusch mich, dankte Maria und ihrem Vater und machte mich dann auch auf den Weg nach Valfabbrica. Bereits nach zwei Stunden sah ich die Stadt am Chiascio liegen, der in der Mittagssonne friedlich glitzerte. Die Idylle war trügerisch, wie ich aus eigener Erfahrung wusste und unwillkürlich betasteten meine Finger die Stirn, die bei meinem Abenteuer am Fluss aufgeplatzt war.

Enzo hatte ich nicht wieder getroffen, wer weiß, wohin er gehumpelt war, dafür kamen mir eine Unmenge an Pilgern und Brüdern in braunen Kutten entgegen. Sie alle waren auf dem Weg nach San Damiano, zur Hauptversammlung ihres Ordens, wie ich von Bruder Leonardo wusste.

Ich gelangte zu der Stelle, an der ich vor einigen Tagen mit Daniele und Selina gelagert hatte, setzte mich dort unter Pepes Baum und befragte die Reisenden, ob Franz von Assisi unter ihnen wäre. Das war er nicht. Insgeheim hatte ich mir das schon gedacht. Irgendwie schien es meine eigene Passion zu sein, Franz hinterherzulaufen. Er war in der Nachfolge Christi, ich war in seiner, doch schien mir seine Nachfolge erfolgreicher als meine. Doch erstaunlicherweise machte mich das nicht bitter. Ich war nicht mehr enttäuscht, ihn nicht gefunden zu haben. Ich hatte so viel von ihm gehört und über ihn erfahren, als kenne ich ihn schon ein Leben lang. Franz war mir kein Fremder mehr, obwohl ich ihn nie persönlich getroffen hatte.

Selina hatte mir verraten, dass sie in Monteverde bei Perugia wohnten, einer kleineren Ortschaft nordwestlich von Valfabbrica. Ich durchwanderte also die Stadt, wandte mich ab vom Chiascio und hielt mich links. Am späten Nachmittag erreichte ich Monteverde. Daniele und Selina, der alte Pepe und auch die Lehrburschen waren nicht da. Jetzt war ich enttäuscht. Mein Herz verlangte so sehr danach, Selina wiederzusehen, dass es sich erst merkwürdig hohl und dann ganz zerknautscht anfühlte. Als mir der Bäcker am Ort versicherte, dass alle auf dem Markt in Perugia seien, wusste ich nicht, was ich machen sollte. Nach Perugia wandern? Den Markt aufsuchen? Natürlich, Pfingstmarkt, das hatte ich ganz und gar vergessen. Als Kaufmann oder Handelstreibender waren die vier großen Märkte im Jahr am wichtigsten: der Weihnachtsmarkt im Dezember, der Ostermarkt im April, der Pfingstmarkt Anfang Juni und der Herbstmarkt zu Erntedank im Oktober. Mein Vater ging mindestens zum Herbst- und zum Ostermarkt. Im Frühjahr konnte er Felle und Wolle verkaufen, im Herbst überschüssige Schafe und Mutters Käse. Weihnachten bei Schnee und Eis war ihm der Weg zu gefährlich und den Pfingstmarkt mied er, weil er ihm zu voll war. In den letzten Jahren durchwanderten immer mehr Pilger, Wallfahrer oder Minderbrüder* die Gegenden.

Es war bald Pfingstfest und da war auch für Daniele die Gelegenheit gut, seine Waren anzubieten. Ich würde ihn dort sicher treffen und Selina auch. Aber das bedeutete, noch län-

---

* Der Orden der minderen Brüder oder *Minderbrüder* geht auf den von Franziskus gegründeten Orden zurück. Es waren Bettelmönche, die in Armut lebten, weil sie dem Leben Jesu Christi nachfolgten.

ger von zu Hause wegzubleiben. War das richtig? Schließlich mussten andere für mich die Arbeit verrichten …

Ich stand einen Moment lang unentschlossen vor dem Bäcker, dann bat ich ihn, Daniele schöne Grüße von mir zu bestellen, wenn er zurück sei und wandte mich schließlich nach Nordosten. Ich war schon so lange fort. Eigentlich hatte ich insgesamt mit nur wenigen Tagen gerechnet. Nach Assisi hinwandern, Franz holen und wieder zurück. Wenn man gut zu Fuß war und nicht aufgehalten wurde, hätte man das leicht in zwei oder drei Tagen schaffen können. Dass ich so viele Menschen treffen, soviel erleben würde, das hatte ich nicht gedacht.

Außerdem wurde mein Herz unruhig, denn zu Hause fragte man sich sicher auch schon, wie es mir ergangen sein mochte. Ich wanderte nordwärts und hielt mich links vom Lago di Valfabbrica. Ich ließ die Gegend von Perugia schnell hinter mir. Auch wenn der Abend nahte, schritt ich eilends weiter. Ein Marsch von sechs oder sieben Stunden, mehr war es nicht mehr nach Hause.

Als ich jedoch oberhalb von Cipolleto stand, wurde ich nachdenklich. Sollte ich es wirklich wagen, des Nachts durch die Wälder von Gubbio zu wandern, in denen immer noch der Wolf umherstreifte? Cipolleto war ein Nachbarort von Gubbio und ich war keine zwei Stunden mehr von zu Hause entfernt. Dennoch siegte meine Vernunft und ich suchte nach einer geschützten Stelle zum Übernachten. Von Besuchen in Cipolleto wusste ich, dass außerhalb des Ortes eine kleine Marienkapelle stand. Vielleicht etwas größer als die Portiuncula, aber immer noch beschaulich und einfach. Ich entschloss mich, dort hinaufzuwandern und die letzte

Nacht meiner Reise im Schutze des kleinen Gotteshauses zu verbringen.

Als ich durch die duftenden Zypressen wanderte, schweiften meine Gedanken wieder zu Selina. Ihr zartes Lächeln war so wunderschön, sonnengleich, ihre Hände in meinen Händen warm und weich und der Lavendelduft ihrer langen schwarzen Haare würde mich ein Leben lang begleiten. Ich zog ihr Säckchen aus meiner Tasche und roch daran. Für einen Moment schloss ich die Augen und lauschte auf die nächtlichen Geräusche um mich her.

Als ich sie wieder aufschlug, um meinen Weg fortzusetzen, stutzte ich. Ein flackernder, noch ferner Feuerschein flammte durch die Dunkelheit der Bäume. Ich kniff die Augen zusammen. Irgendjemand hatte ein Feuer gemacht. Ich duckte mich zwischen das Gehölz und schlich vorsichtig weiter. Auf keinen Fall wollte ich Räubern in die Arme laufen. Auch wenn es bei mir nichts zu holen gab, waren es doch oft Raufbolde und mordgierige Gesellen. Dennoch war ich neugierig und schlich mich näher heran. Der Schein des Feuers kam aus der Richtung, in welcher die Marienkapelle lag. Ich näherte mich bis auf hundert Schritt und atmete dann erleichtert aus. Eine Gruppe von zehn Minderbrüdern saß dort im Schein eines Lagerfeuers zusammen. Sie redeten leise miteinander und backten Stockbrot in den Flammen.

Ich richtete mich auf. Vielleicht war ja Bruder Franz unter ihnen, dachte ich, ging hoffnungsvoll näher heran und machte mich bemerkbar.

»Bitte, erschreckt nicht, liebe Brüder«, sagte ich, »auch ich wollte gerne hier nächtigen. Da sah ich das Feuer. Ob ich mich zu euch setzen darf?«

Die Brüder wandten mir ihre Gesichter zu und lächelten.

»Komm nur heran, Junge«, sagte der Bruder, der mir am nächsten saß. Er hielt in der rechten Hand sein Stockbrot und winkte mich mit der linken Hand neben sich.

»Wir haben immer Platz für einen hungrigen Wanderer«, sagte er in gebrochenem Italienisch und reichte mir seinen Stock. Das Brot, das um die Spitze gewickelt war, duftete herrlich und war schon fast fertig. Er griff nach einem weiteren Stock, langte in eine Schale mit frischem Teig und umwickelte damit die Spitze. Dann hielt er sein Brot in die Flammen und drehte den Stock bedächtig.

Die Brüder stellten sich der Reihe nach vor. Ich konnte mir die Namen nicht alle merken, sie hießen Charles, Antoine, Rufus und noch weitere Namen, die mir fremd klangen, doch, dass Franz nicht unter ihnen war, hatte ich verstanden. Der Bruder neben mir hieß Eduardo und kam aus Portugal, wie er sagte.

»Ja, aus Portugal«, lachte er, als er mein erstauntes Gesicht sah, »wir sind ein Volk von abenteuerlustigen Eroberern. Ich sage dir, irgendwann entdeckt einer von uns ein fremdes Land oder erreicht das Ende der Welt!« Er sprach die Worte noch einmal in einer mir fremden Sprache und die Brüder stimmten in sein Lachen ein.

»Vielleicht wird es aber auch ein Spanier sein, der das schafft!«, antwortete ein Minderbruder in ebenso gebrochenem Italienisch.

Ich konnte es mir nicht verkneifen zu murmeln: »Aber ganz vielleicht ist es auch ein Italiener.«

»Wir alle hier sind Pilger«, erklärte Eduardo, »meine Brüder kommen aus Spanien, Frankreich und aus England.«

»Dann seid ihr unterwegs zur großen Pfingstversammlung in San Damiano?«, fragte ich.

Eduardo blickte mich neugierig an. »Du weißt davon?«

»Ich komme gerade von dort«, sagte ich und war ein bisschen stolz, dass ich auch Interessantes zu berichten hatte.

»Bruder Franziskus ist nicht zufällig unter euch?«, fragte ich. »Oder habt ihr ihn vielleicht unterwegs getroffen?«

Eduardo schüttelte den Kopf.

»Nein, mein junger Freund«, sagte er traurig, »man erzählt überall, dass er sterbenskrank ist. Hast du ihn nicht in San Damiano angetroffen?«

»Nein. Dort war er nicht und auch nicht in der Portiuncula.« Ich ließ den Kopf hängen. Sterbenskrank? Sollte ich Franz deshalb nicht gefunden haben, weil er schon irgendwo dahingeschieden auf einem Felde lag und sich die Krähen an ihm gütlich taten?

Ich wischte schnell diesen entsetzlichen Gedanken fort. Nein, mein Herz sagte mir etwas anderes. Ich konnte und wollte nicht glauben, dass Franz tot war. Aber wenn er sterbenskrank war, würde er dann überhaupt den Weg nach Gubbio gehen können? Es war zum Verzweifeln. Als Eduardo nach dem Grund für meine Reise fragte, war ich nicht in der Stimmung, ihm von all den Dingen, die ich erlebt hatte, zu berichten. Also erzählte ich nur in knappen Worten, dass ich Bruder Franz finden und bitten wollte, uns bei einem Problem in Gubbio zu helfen.

Er fragte nicht weiter, obwohl er sicherlich spürte, dass ich Dinge verbarg, aber wir ließen es dabei bewenden.

»Gubbio«, sagte er nur, »dann bist du ja schon fast zu Hause.«

Mir wurde das Herz schwer. Jetzt war ich mehr als eine Woche lang weg gewesen und hatte nichts erreicht. Ich fühlte mich schlecht und war unzufrieden.

Ich aß mein heißes Brot, redete dies und das, hörte mir einige der Reiseerzählungen Eduardos an, doch sobald es die Höflichkeit erlaubte, zog ich mich zurück und legte mich etwas abseits auf den Waldboden in meine Decke und schlief ein. Ich hatte keine Gedanken mehr, mein Kopf war hohl, mein Herz war leer. Ich träumte nicht in dieser Nacht.

Unruhig wälzte ich mich aber in meiner Decke hin und her und fand keinen Frieden, bis ich schließlich ruckartig erwachte. Ein dunstiger Nebel lag zwischen den Bäumen und ein fahler Lichtstreifen im Osten kündete den nahen Morgen an. Hieß es nicht, dass in der Morgenröte auch die Hoffnung lag? Dass ein neuer Morgen Gutes brachte? Ich zweifelte sehr daran. Das schlechte und bedrückende Gefühl vom letzten Abend saß immer noch in meiner Kehle fest. Es schmerzte.

Ich drehte mich zum Feuer und erschrak. Ein einzelner Bruder saß dort und stocherte in der Glut. Alle anderen schliefen noch. Er wirkte etwas atemlos und sah erschöpft aus. Seine Kutte war am Saum ganz schmutzig und feucht und seine Füße waren schwarz von Dreck. Er trug keine Sandalen, wie die anderen, sondern ging offensichtlich barfuß. Vielleicht hatte er gebetet oder Feuerholz geholt, denn er legte gerade ein frisches Scheit in die Glut. Ich sah, dass er alte Wunden an den Händen hatte und bedauerte für einen kleinen Augenblick sein Schicksal.

»Ich habe dich geweckt«, sagte er auf Italienisch, »das tut mir leid!«

Ich setzte mich auf. »Das macht nichts«, erwiderte ich gähnend und war froh, dass er meine Sprache konnte, »ich möchte sowieso früh aufbrechen. Meine Heimat ist nicht mehr weit und jetzt kann ich es wohl wagen, durch den Wald zu laufen, ohne von dem Wolf angegriffen zu werden.«

Der Bruder sah mich aus tiefliegenden aber freundlichen Augen an. Die schlafenden Brüder regten sich leise. Ich sah ihre Körper auf dem morgendlichen Waldboden liegen und schüttelte verunsichert den Kopf. Irgendetwas stimmte nicht. Irgendetwas störte mich, doch der Bruder am Feuer lenkte meine Aufmerksamkeit wieder auf sich.

»Nun, der Wolf ist kein Problem mehr.«

»Wie meinst du das?«, fragte ich aufgeregt und ärgerte mich nun ein bisschen über mich selbst, dass ich gestern Abend am Feuer so schweigsam gewesen war. Wäre ich redseliger gewesen, hätte ich vielleicht schon gestern Neuigkeiten erfahren.

»Haben die Männer ihn schließlich verjagt?«, fragte ich. »Oder haben sie ihn gar erlegt?« Unruhig geworden sprang ich auf und wickelte eilig meine Decke zusammen.

»Aber nein«, lachte der Bruder leise, »er wurde gezähmt!«

Ungläubig starrte ich ihn an, dann begriff ich. »Dann ist Bruder Franz in Gubbio!«, rief ich aus. »Dann hat er von meiner Bitte vernommen und ist nach Gubbio gewandert. Verzeiht, Bruder, aber ich muss jetzt los. Jetzt sofort. Die Sache duldet keinen Aufschub mehr!«

Ich griff nach meinem Beutel, nach meiner Decke und stob von dannen. Über meine Schulter zurückblickend rief ich noch: »Bitte, dankt Bruder Eduardo von mir für seine Gastfreundschaft!«

Dann rannte ich, was meine Lungen hergaben. Ich machte keine Pause mehr, bis ich die heimatlichen Hügel und Wälder von Gubbio erreicht hatte. Nach nur einer Stunde erreichte ich mit den ersten Strahlen der aufgehenden Sonne unseren Hof. Friedlich und still lag er da. Die Schafe waren fort, sicherlich auf der Weide bei Seppo und Tozzo und auch Meppino fehlte. Ich trat auf die Tür zu und öffnete sie. Tief sog ich den heimatlichen Duft nach Holz und Ruß in mich hinein. Das war mir fast genauso lieb wie der Lavendelduft von Selina. Ich betrat den Raum und schritt auf die Tür der Schlafkammer meiner Eltern zu. Leise klopfte ich an, doch es antwortete niemand. Ich klopfte noch einmal, nichts. Ich drückte die Tür auf und blickte verdutzt in einen leeren Raum. Wo waren nur alle? Um ganz sicher zu sein, stieg ich die Treppe zum Heuboden hinauf, aber auch dort war niemand. Nur eine Mulde im Heu zeugte von einer verlassenen Schlafstatt. Sicherlich von meinem eigenen Körper, der sie dort vor mehr als einer Woche hinterlassen hatte.

Unschlüssig stand ich da und blickte aus dem kleinen runden Fenster über die Hügel.

Natürlich! Sie waren bei Tozzo, schoss es mir durch den Sinn. Wenn Franziskus wirklich gekommen war, dann konnte er doch nicht in einer so ärmlichen Behausung schlafen. Sie waren sicherlich alle bei Tozzo. Bevor ich mich auf den Weg zu unserem Nachbarn machte, trank ich noch große Schlucke Wasser aus dem Bach und merkte, wie mein Herz vor Freude sprang. Alles roch und schmeckte nach Heimat. Dann streckte ich meine Glieder und lief los. Der Morgen war mild und warm, der Nebel hatte sich gelichtet, sodass der Blick durch die Bäume klar und weit war.

Nach nicht einmal zwanzig Minuten sah ich den Hof Tozzos unter mir im seichten Tal von Gubbio liegen. Die Herden grasten friedlich an den Hängen und die Männer waren gerade dabei, sie weiter hinaufzutreiben. Ich hörte Hundegebell und Vaters Stimme, die nach dem alten Meppino rief.

Das Herz ging mir auf. Dann hörte ich den vertrauten Pfiff und sah einen Hund an der Herde vorbeischießen, direkt auf meinen Vater zu. Doch es war nicht Meppino. Er war viel zu schnell und viel zu groß. Vielleicht einer von Tozzos Hunden? Doch die Erkenntnis kam wie der Blitz aus dem Himmel.

»Der Wolf«, rief ich, schrie ich, »Vater, Vorsicht, der Wolf …«

Doch der Schrecken dauerte nur eine Sekunde, und wandelte sich augenblicklich in großes Erstaunen. Der Wolf hatte Vater erreicht und sprang an ihm hoch. Doch es war pure Freude und kein Angriff. Ich hörte Vater lachen und sah ihn mit dem Tier spielen und es kraulen.

Dann nahm er mich wahr und kam lachend und rufend und winkend auf mich zugelaufen, der Wolf immer neben ihm, und Meppino, der aus der Herde heraustrat, lief humpelnd hinterher.

Vaters Arme umschlossen mich und wir beide lachten lange und befreit.

»Du hast es geschafft, Sohn«, sagte er immer wieder, »du hast es wahrlich geschafft!« Immer wieder nahm er mich in die Arme, schob mich weg und sah mich an und drückte mich wieder fest an sich. Meppino und der Wolf sprangen übermütig um uns herum.

Unten an Tozzos Haus ging die Tür auf. Ich sah Mutter mit Alanso auf dem Arm und hinter ihr traten Bianca und Isabella aus dem Haus. Auch Tozzo kam jetzt von den Hängen herunter und rief lautstark ein ›Ciao, Antonio!‹

Ich hatte das Gefühl, als stünde die Zeit für einen Moment lang still, so überwältigend war das Gefühl von Glück und Liebe und Freude, das mich umfing.

Als ich alle begrüßt und umarmt hatte, widmete ich mich endlich Meppino und dem Wolf. Sie lagen einträchtig nebeneinander, hechelten und behielten uns im Blick. Meppino wedelte mit dem Schwanz und bellte einmal laut, als ich mich zu ihm beugte und kraulte. Vor dem Wolf blieb ich ehrfürchtig stehen. Er war riesig und obwohl freundlich blickend dennoch angsteinflößend. Zumindest Respekt, den hatte ich. Doch Vater trat neben mich und klopfte mit der Hand auf seinen Oberschenkel. Augenblicklich sprang der Wolf auf und kam zu uns. Er stupste Vater mit der Schnauze an und ließ es sich gefallen, von ihm gekrault zu werden.

»Er frisst nur noch Brot und Gemüse«, lachte Vater, »seit Franz mit ihm gesprochen hat ist ihm der Appetit auf Fleisch gehörig vergangen.«

Auch ich streckte schließlich meine Hand nach ihm aus und griff in das struppige graue Fell. Er sah mich aus grauen Augen freundlich an und damit war unsere Freundschaft besiegelt.

Dann sprachen und lachten und weinten alle durcheinander und Tozzo war es schließlich, der uns alle an seinen Tisch einlud, um alles der Reihe nach und geordnet zu erzählen.

Auch schickte er einen Knecht zu Seppo und Matteo. Es dauerte nicht lange, da kamen die beiden auf den Hof und an den Tisch zu uns und ich konnte meine Geschichte beginnen. In diesem Moment hatte ich ganz und gar vergessen, nach Franz zu fragen. Vielmehr erzählte ich vom Gang nach Valfabbrica mit Bruder Angelo, von der Begegnung mit Daniele, Pepe und Selina. Ich erzählte von ihrer Rettung aus dem Fluss, von ihrer Kenntnis der Heilkunde, doch als ich bei ihrem schwarzen Haar und ihren samtenen Augen angekommen war, unterbrach der alte Seppo meine Ausführungen und meinte:

»Junge, es ist schon ersichtlich, dass dich eine schöne, junge Maid mehr interessiert, als ein altersschwacher und kranker Mönch, aber könntest du bitte beim Thema bleiben und endlich von Franziskus berichten?«

Ich wurde rot, mal wieder, doch ich erzählte dann von den Wundergeschichten, von der Begegnung mit Donna Pica Bernardone, von Alanso, dem Ziegenjungen, von Leonardo in der Portiuncula und schließlich von Enzo, dem Bettler. Als ich bei den Mönchen angelangt war, die bei der Marienkapelle in Cipolleto gelagert hatten, unterbrach mich Seppo erneut.

»Wann aber hast du Franz getroffen, Junge«, schnarrte er, »wann hast du ihm von uns und unserem Wolf erzählt?«

»Das habe ich gar nicht, Seppo. Das habe ich gar nicht«, erwiderte ich. »immer bin ich ihm nachgelaufen, aber nie habe ich ihn persönlich getroffen. Ich habe aber unterwegs immer wieder die Menschen gebeten, ihm von mir und Gubbio und dem Wolf zu erzählen.«

»Na, aber das ist wirklich zu lustig«, lachte Seppo plötzlich auf und kicherte vor sich hin.

»Was denn?«, wollte ich wissen und wurde ungehalten.

Ich brauchte jetzt nicht noch den alten Seppo, der sich über meine hoffnungslose Verfolgungsjagd lustig machte.

Doch alle anderen am Tisch schmunzelten auch. Bianca schließlich ergriff meinen Arm, wie Donna Pica es auch getan hatte, nur wesentlich sanfter und sagte: »Antonio, du hast Bruder Franz nur ganz knapp verpasst. Er war ja bis heute Nacht noch hier!«

Ich dachte erst, das sei ein schlechter Scherz, aber meine Schwester neigte nicht dazu, über mich zu spotten.

Schnell sprach sie weiter und erklärte: »Heute Nacht muss er aufgebrochen sein, denn wir fanden den Dachboden leer. Wir sind alle hierhergekommen, weil wir glaubten, er sei noch ein letztes Mal zu Tozzo gegangen, um sich von seinem Wolf zu verabschieden. Aber hier war er nicht, er muss fortgewandert sein. Zurück nach Assisi, nach San Damiano zur Pfingstversammlung, wie er uns berichtete.«

Und dann traf mich die Erkenntnis erneut wie der Blitz aus heiterem Himmel: der Bruder am Feuer.

Jetzt wusste ich auch, was nicht gestimmt hatte, als ich die Brüder am Feuer verließ. Am Abend, als ich zu ihnen gestoßen war, waren es zehn gewesen und auch zehn Brüder hatten am Morgen auf dem Waldboden gelegen und geschlafen. Aber der Bruder am Feuer war der elfte, deshalb das merkwürdige Gefühl, dass etwas nicht stimmte, ich hatte unbewusst richtig gezählt.

Franz, das musste Franziskus gewesen sein. Ich Idiot! Ich hatte wahrhaftig Franz von Assisi gegenübergestanden und ihn nicht erkannt. Barfuß war er gewesen, ja natürlich. Hatte Leonardo nicht erzählt, dass die Brüder Sandalen tragen durften, dass Franz aber immer barfuß ging und Sandalen nur trug, wenn es sich gar nicht vermeiden ließ? Und die Wunden an den Händen mussten die Stigmata gewesen sein. Die an den Füßen hatte ich nicht erkennen können, weil sie so schmutzig gewesen waren. Ich Idiot! Ich Idiot! Ich sprang auf und die Schüsseln und Teller auf dem Tisch polterten.

»Es tut mir leid«, sagte ich, »ich weiß, dass ich gerade angekommen bin. Aber ich muss noch einmal aufbrechen. Ich habe jetzt keine Zeit für Erklärungen, aber ich muss noch einmal zurück nach Cipolleto.«

Abermals ließ ich alles hinter mir, erstaunte Ausrufe und Blicke ignorierend, und lief los. Meine Lungen schmerzten und doch rannte ich weiter, meine Muskeln brannten, doch ich lief voran.

Als ich die Marienkapelle erreicht hatte, lag die Feuerstelle verlassen da. Die Asche war kalt und das Lager ordentlich aufgeräumt. Nichts deutete mehr darauf hin, dass hier zehn, nein elf Menschen gesessen hatten. Ich rannte noch ein Stück weiter durch die Bäume auf dem Weg nach Valfabbrica, doch ich sah die Brüder nicht.

Zehn Brüder aus der Fremde und Franziskus aus Assisi waren spurlos verschwunden. Und wieder hatte ich ihm nachlaufen müssen, ohne ihn einholen zu können.

Langsam ging ich zur Feuerstelle zurück und setzte mich einen Augenblick dort nieder, um Kraft für den Heimweg zu sammeln. Wäre ich den ganzen Weg nach Assisi in diesem Tempo gerannt und auch wieder zurück, dachte ich bei mir, ich hätte weniger als zwei Tage gebraucht. Doch dann hätte ich die vielen besonderen Menschen auf meiner Reise nie kennengelernt. Ich musste schmunzeln. Wahrscheinlich war es mein Schicksal, nicht Franz anzutreffen, sondern eben jene Menschen, die mir von ihm erzählt hatten. Den alten, guten Pepe, der die Äpfel so kaute und aussaugte wie mein verstorbener Großvater, den gutherzigen Daniele, der einen Umweg nicht scheute, um mich auf den richtigen und sicheren Weg zu bringen, die engelsgleiche Selina, für die ich mein Leben gelassen hätte, den welterfahrenen Marco, der mir vom Verschenken der Rüstung berichtete und selbst seinen Wein verschenkte, die gutmütige und liebende Pica Bernardone, die mir aus lauter Liebe fast den Arm blau gedrückt hatte, Alanso, den geschichtenvernarrten Ziegenjungen in San Damiano, Leonardo, den Minderbruder in Portiuncula, der mir die hölzernen Krippenfiguren von Franziskus gezeigt hatte und schließlich den Bettler Enzo, der mir das letzte Teil geliefert hatte, für mein vollständiges Bild von Franz, nämlich die Geschichten aus seiner Kindheit und Jugend.

Und als ich dort saß, die wärmenden Strahlen der Abendsonne im Rücken und an all diese Begegnungen dachte, da sah ich zu meiner großen Überraschung und Freude etwas auf einem der geschwärzten Steine liegen. Vorsichtig nahm ich es auf und hielt es in meiner Hand.

Jetzt war ich mir ganz sicher, dass es Franz gewesen war, der morgens hier gesessen und mit mir gesprochen hatte. In meiner Hand lag die kleine, aus Holz geschnitzte Figur eines Wolfes.

✱✱✱

KAPITEL 15

LAUDATO SI

Wie soll ich von den nächsten Tagen und Wochen berichten, die ins Land gingen? Ich war hin und hergerissen zwischen dem Gefühl, erfolgreich gewesen zu sein und dem Gefühl, mein Ziel dennoch nicht erreicht zu haben. Ich hatte Erfolg gehabt, denn der Wolf war gezähmt. Aber ich hatte das Ziel nicht erreicht, Bruder Franz zu finden und ihn persönlich zu bitten, nach Gubbio zu kommen.

Als ich an diesem Abend ein zweites Mal heimkehrte, mit dem kleinen hölzernen Wolf in meiner Tasche, durch die letzten Bäume schritt und schließlich unseren Hof betrat, stutzte ich für einen Moment. Meppino und der Wolf lagen freundschaftlich nebeneinander und dösten vor sich hin. Ein seltsames Bild, wie ich fand und sicherlich eines, das man nicht so schnell als alltäglich und normal empfinden würde. Als Meppino mich hörte und seinen Kopf hob, schwänzelte er, stand mühsam auf und humpelte auf mich zu. Der Wolf blieb wachsam aber unentschlossen liegen. Er war gewiss genauso unsicher wie ich. Dann erinnerte ich mich, was Vater am Nachmittag getan hatte und klopfte mit der flachen Hand auf meinen Oberschenkel.

»Komm«, rief ich aufmunternd und pfiff leise.

Der Wolf erhob sich augenblicklich und wieder musste ich schlucken, als ich seine große Gestalt sah. Doch er kam freundlich angesprungen und stupste mich mit der Schnauze erwartungsvoll an. Ich strich ihm über den großen Kopf und kraulte sein raues Fell. Er war nicht mehr ganz so mager und räudig, wie bei unserer ersten Begegnung, als er Renata gerissen hatte, doch er war immer noch dünn und struppig.

Mit der linken Hand kraulte ich also den Wolf, mit der rechten Hand Meppino. Kurz darauf öffnete sich die Tür unserer Hütte und mein Vater trat über die Schwelle.

»Sohn!«, sagte er.

Als der Wolf ihn hörte, sprang er ihm freudig entgegen und ließ es sich sehr gefallen, als Vater ihn spielerisch knuffte, drückte und mit ihm rangelte. So ausgelassen hatte ich Vater in den letzten Wochen, ja fast Jahren nicht mehr gesehen. Es schien, als sei die Bedrohung durch den Wolf nicht einfach nur weg, sondern ins absolute Gegenteil gekehrt.

»Ich habe die Schafe auf den Hängen in der Obhut von Nicolo zurückgelassen«, erklärte Vater, »so kann ich wenigstens die Geschichten zu Ende hören und erzählen, die du so abrupt am Nachmittag unterbrochen hast.« Er lächelte. Dann kam er auf mich zu und zog mich an sich.

»Du warst nur etwas mehr als eine Woche fort«, sagte er lachend, »und doch bist du als Knabe aufgebrochen und als Mann zurückgekehrt!« Seine Stimme klang stolz. Dann hörte ich von drinnen die Rufe meiner Mutter.

»Komm, Sohn, es warten schon alle!«, sagte Vater.

Ich wusch mir Hände und Gesicht in der Waschschüssel und musste kurz schmunzeln, als ich an Frater Angelo und seine große Nase dachte. Mir kam das alles vor, als sei seitdem eine kleine Ewigkeit vergangen. Dann streifte ich mir die Schuhe ab und betrat unsere Hütte. Bianca schaukelte Alansos Wiege und summte wieder diese schöne Melodie und Mutter, die eben noch am Tisch gestanden und aufgedeckt hatte, kam nun auch auf mich zu und umarmte mich. Es tat so gut, wieder zu Hause zu sein. Obwohl es schon spät war, dachte keiner daran, schlafen zu gehen.

Wir setzten uns und endlich erfuhr ich den Teil der Geschichte, der mir noch immer fehlte.

»Es war vorgestern Abend«, begann mein Vater zu erzählen, »da kam ein fremder Bruder auf unseren Hof geschritten. Auch er trug eine braune Kutte, eine einfache Kordel um die Taille aber keine Sandalen.«

›Vorgestern?‹, dachte ich. Da war ich mit dem Bettler Enzo zusammen und in dieser Nacht hatte ich geträumt, dass Selina mit dem gezähmten Wolf und Meppino über die Wiesen und durch den Wald läuft. Und der Wald in meinem Traum war hell und freundlich gewesen. Zur gleichen Zeit also war Bruder Franz in Gubbio gewesen und hatte den Wolf wahrhaftig gezähmt.

»Bruder Franz ist ein bescheidener und äußerst freundlicher Mann«, fuhr mein Vater in seiner Erzählung fort, »er sagte, dass er in einer Vision von unserem Wolf geträumt habe, und er hätte von dir gehört, dass wir Hilfe bräuchten! Du seist noch unterwegs und würdest auch bald folgen!«

»Wir haben bei diesen Worten gedacht, dass er dir persönlich begegnet sei«, fügte Mutter an. »Wir waren so froh über das Erscheinen von Bruder Franz, dass wir uns gar nicht wunderten, dass du nicht bei ihm warst!«

»Jetzt wissen wir ja, dass du immer hinter ihm hergelaufen bist und nach ihm gesucht hast«, warf Bianca lächelnd ein, »verständlich irgendwie, dass du dann auch den Weg wieder nach Hause finden würdest, obwohl …«

Ich sah meine kleine Schwester fragend an. »Obwohl, was?«

»Na ja«, meinte sie schmunzelnd, »als du heute Nachmittag so hingebungsvoll und ausführlich von Selina erzählt hast, so sehr, dass Seppo dich unterbrechen musste, war wohl ebenfalls zu befürchten, dass es dich in der Ferne hält …«

Ich lächelte auch, allein bei dem Klang dieses wundervollen Namens.

»Du wirst lachen, aber ich habe tatsächlich überlegt, noch einen Abstecher nach Perugia zu machen und sie und ihre Familie auf dem Wochenmarkt zu suchen«, sagte ich, »wenn da nicht der Wolf und der dringendere Wunsch gewesen wäre zurückzukehren.«

Ich bemerkte, dass Mutter Vater bei diesen Worten anlächelte und sanft nach seiner Hand griff. Um von mir und meinem Gefühlsleben abzulenken, wandte ich mich an meinen Vater und bat ihn, weiterzuerzählen.

Er setzte seinen Becher ab und sagte: »Wir hießen Bruder Franz willkommen, luden ihn zu uns an den Tisch, wollten ihn ruhen lassen, nach der langen Wanderung, doch Bruder Franz schüttelte nur seinen Kopf. ›Zu dringlich scheint mir euer Problem‹, erwiderte er, ›es duldet keinen Aufschub, sonst verliert ihr womöglich in dieser Nacht ein weiteres Schaf, oder ein Zicklein.‹

Er trank lediglich einen Schluck Wasser, den Bianca ihm gereicht hatte und wandte sich dann dem Wald zu. Als ich ihn begleiten wollte, sagte er schlicht: ›Nein, mein guter und tapferer Luca, diesen Weg muss ich allein gehen. Es wird sich zeigen wer der Stärkere ist: Mein Herr, dem ich folge und an den ich glaube oder das Böse, das die Sinne des armen Tieres vernebelt. Das ist ein Kampf, bei dem du nichts auszurichten vermagst.‹

Dann betrat er den Wald und ließ uns hilflos, überrascht und verunsichert zurück. Durch die Stämme der Bäume sah ich ihn nach links hinauf wandern in Richtung der großen Steilwand, an der wir auch den armen Giovanni gefunden hatten.«

Vater räusperte sich leicht und trank einen Schluck aus seinem Becher. Auch mir wurde die Kehle trocken.

»In dieser Stunde, mein Sohn«, fuhr Vater fort, »haben wir alle hier am Tisch gesessen und gebetet. Wenigstens das konnten wir an Unterstützung leisten.« Wieder sah ich, wie Mutter Vaters Hand drückte.

»Es war kaum auszuhalten«, sagte Vater, »aber nach zwei Stunden, es dämmerte bereits, hörten wir von draußen einen Ruf. Wir sprangen auf und liefen zur Tür.«

»Es war unglaublich was wir sahen«, flüsterte Bianca fast ehrfürchtig.

»Bruder Franz kam auf unsere Hütte zugeschritten«, erzählte Vater, »neben ihm lief der Wolf mit klarem Blick. Als seien sie die besten Freunde und als hätte es die wilde und grausame Vergangenheit des Tieres überhaupt nicht gegeben!«

»Bruder Franz winkte uns zu sich heran«, sagte Mutter, »und wir alle gingen zu ihm, im Vertrauen auf seine Worte und im Vertrauen auf den Herrn!«

»Fragend und erstaunt sahen wir die beiden an und Bruder Franz erklärte: ›Ich habe mit unserem Freund hier gesprochen und ihm von Gott erzählt. Ich habe ihm erzählt, dass er alle Geschöpfe liebt und dass man sich anders verhalten könne. Mein Freund hier wird nur noch Gemüse und Brot fressen und das, was ihr ihm gebt. Er wird nicht wieder jagen und reißen!‹

Das war unglaublich, Antonio, denn der Wolf setzte sich bei diesen Worten neben mich und stupste mich mit seiner Schnauze freundlich an. Seitdem ist er wie ausgewechselt, vertrauensvoll und vertrauenswürdig. Selbst unser guter alter Meppino hat das erkannt und Freundschaft mit ihm geschlossen.«

»Bruder Franz hat nur wenig gegessen an diesem Abend«, fiel Mutter in die Erzählung ein, »er war sehr müde und erschöpft und sah auch ein wenig krank aus. Früh zog er sich auf den Dachboden zurück.«

»Am nächsten Tag, also gestern«, beendete mein Vater die Geschichte, »ist er mit dem Wolf durch ganz Gubbio gewandert. Hat ihm alles gezeigt und erklärt. Wir waren zusammen bei Tozzo, dann bei Seppo und allen ist der Wolf freundlich begegnet. Matteo war der Einzige, der skeptisch Abstand hielt und einen weiten Bogen um ihn machte, und der Wolf schien das zu respektieren, denn er näherte sich ihm nicht auf zehn Schritt.«

»Das ist Matteo nicht zu verübeln«, sagte ich.

»Nach diesem zweiten langen Tag, an dem Franz mit dem Wolf überall gewesen war«, setzte Vater hinzu, »sprach er noch einmal leise mit ihm und zog sich dann nach einem kurzen Mahl zum Schlafen auf den Dachboden zurück. Heute Morgen war er dann fort. Wir dachten, er sei bei Tozzo oder Seppo und gingen ihm nach. Von dir wissen wir aber, dass er aufgebrochen war, um die Rückreise anzutreten, denn du hast ihn heute Morgen ja am Feuer getroffen.«

Bianca lächelte bei diesen Worten und auch ich musste grinsen. Wir beide dachten das Gleiche. Endlich hatte ich Bruder Franz angetroffen, er hatte mich tatsächlich gefunden und sicherlich auch geahnt, dass ich Antonio aus Gubbio war, der nach ihm gesucht hatte. Doch ich hatte ihn nicht erkannt und war diesmal von ihm weggelaufen. ›Schicksal‹, dachte ich, laut sagte ich: »Er war es sicher, denn ich habe dies auf einem der Steine der Feuerstelle gefunden.« Ich zog die kleine Wolfsfigur aus meiner Tasche und stellte sie auf den Tisch.

Vater, Mutter und Bianca starrten wie gebannt auf die kleine Figur.

»Das ist ja wunderschön«, sagte schließlich Mutter und nahm den kleinen Wolf behutsam in ihre Hand. Dann hielt sie ihn dichter an die Augen und begutachtete ihn von allen Seiten.

»Franz hat noch mehr Figuren geschnitzt«, sagte ich und erzählte von Frater Leonardo und dem Abend in der Portiuncula, von den Krippenfiguren und ihrem Versteck in der Kiste.

»Vielleicht schaffe ich das auch«, fügte ich an, dann können wir Weihnachten auch eine Krippe aufstellen.

Nach diesen Worten zogen wir uns zurück und gingen schlafen. Wir alle waren erschöpft und müde. Als ich den Dachboden betrat, blickte ich auf die Mulde im Heu, die

Bruder Franz hinterlassen hatte und legte mich schließlich hinein. Näher würde ich ihm wahrscheinlich nie kommen.

Die nächsten Wochen des Sommers zogen wie im Flug an uns vorbei. Das tägliche Weiden der Schafe und das Aufwachsen der Lämmer brachten nur wenig Abwechslung. Doch meine Versuche, die Figuren der Weihnachtsgeschichte zu schnitzen, brachten mir Kurzweil und Vergnügen. Wie sich herausstellte war ich gar nicht so ungeschickt. Ich fing mit den Schafen an, denn die hatte ich ja als lebendige Vorbilder jeden Tag vor meiner Nase. Und dass der Hütehund der Hirten in der Heiligen Nacht mehr einem Wolf glich, konnte mir auch keiner verübeln. Den alten Meppino haben wir zu Grabe getragen. Er war eines Abends eingeschlafen und am nächsten Morgen nicht mehr erwacht. Er liegt nun unter der großen Pinie direkt an unserem Haus und hat seinen Frieden.

»Wie meine geliebte Maria«, hatte Seppo gesagt, »als er vom Tod unseres Hundes erfuhr«, »abends hingelegt, Augen zu und weg!«

Meine Figurensammlung wuchs und mir kam eine Idee. Vielleicht konnte ich mehrere Krippenfiguren schnitzen und sie auf dem Markt in Perugia verkaufen? Vielleicht fanden auch andere Menschen diese Idee schön.

Darüber hinaus dachte ich natürlich auch viel an Selina. Meine Sehnsucht war groß, doch konnte ich nicht einfach mitten im Sommer auf und davon gehen, um sie zu besuchen.

Doch Ende September war es dann soweit. Vater und ich wanderten zum Herbstmarkt nach Perugia und wir kehrten für zwei Tage bei Daniele ein. Das Wiedersehen war so schön und wundervoll, wie ich es mir erträumt hatte und ein warmes Kribbeln in meinem Bauch hatte mich die ganze Zeit über begleitet. Ich zeigte Daniele die geschnitzten Figuren und er versprach, sie auf dem Weihnachtsmarkt im Dezember an seinem Stand mit auszustellen.

Dann kam der Herbst und wir trieben die Schafe von den Hängen hinab. Den Wolf hatten wir Lupo* getauft, denn er würde immer der *Wolf* für uns bleiben. Er hütete die Herden, die er einst zersprengt hatte und hielt sich zeitlebens an sein Versprechen.

Ende Oktober bekamen wir unerwarteten Besuch. Frater Angelo kam den Weg von Assisi, über Valfabbrica und Cipolleto bis zu uns nach Gubbio gewandert. Er berichtete uns, dass Franz nach langer Krankheit in der Portiuncula verstorben sei.

Ich war mehr als betrübt, denn ich hatte mir fest vorgenommen, im nächsten Jahr wieder nach Assisi zu wandern, um ihn dort zu besuchen und endlich kennenzulernen. Wieder dachte ich daran, dass es wohl mein Schicksal war, ihn nie kennenlernen zu dürfen und ihm nur irgendwann nachfolgen zu können.

Frater Angelo erzählte uns aber, und das freute mich sehr, dass Franz es geschafft hatte, seine Krippe zu vollenden und die Jesusfigur zu schnitzen. Auch hatte er die letzte Strophe seines wunderbaren Sonnengesangs gedichtet und von Bruder Leonardo aufschreiben lassen. Bei diesen Worten über reichte mir Frater Angelo eine Schriftrolle mit den besten Grüßen des alten Leo aus der Portiuncula.

* *Lupo* ist das italienische Wort für Wolf.

Als ich das Pergament auseinanderrollte, stockte mir der Atem. Handschriftlich waren dort Worte aufgeschrieben, die ich jedoch nicht entziffern konnte, weil ich des Lesens nicht mächtig war. Doch Frater Angelo las mir die Worte vor und ich hörte wieder den alten Bruder Leonardo neben mir summen, als wir in der Portiuncula lagen und hörte auch Bianca summen, wenn sie Alanso zum Einschlafen hinlegte.

Bruder Leonardo hatte mir den Sonnengesang aufgeschrieben, mit dem Grußwort, dass er meinem Rat gefolgt war, damit all die schönen Worte bewahrt würden und nicht verloren gingen.

Wir prägten uns die Worte ein und ab diesem Tag sang Bianca dieses Lied für Alanso und auch für mich, wenn ich sie darum bat. Laudato si o mi signore, sei gepriesen, mein Gott …

Dann kam der Winter. Bruder Angelo war wieder fort, doch dafür kamen Selina, Daniele und der alte Pepe, um das Weihnachtsfest mit uns zu feiern. Es war herrlich zu sehen, wie gut Bianca sich mit Selina verstand. Sie tauschten sich über ihre Heilkünste aus, verglichen die Hornnadeln und auch die Salben, die sie verwendeten.

Ich stellte die geschnitzten Figuren auf den Tisch und sie begleiteten uns fortan bei jedem Weihnachtsfest. Sie dienten nicht nur zum Gedenken an den geborenen Heiland, sondern auch zum Gedenken an Franz.

Ich schenkte Selina ein kleines geschnitztes Herz aus Holz. Ich hatte es ganz glatt gerieben und mit Wachs überzogen. Es glänzte wunderbar, wie ihre Augen. Mit einer geflochtenen Schnur konnte sie es um ihren Hals hängen. Sie wiederum schenkte mir eine Strähne ihres schwarzen Haares. Behutsam legte ich sie zu den getrockneten Lavendelblüten in das Beutelchen, das ich stets bei mir trug.

Es war eine muntere Runde, die da zusammengekommen war. Heiligabend besuchten wir gemeinsam den Gottesdienst in San Marziale, lauschten den frommen Worten Frater Vincenzos und sprachen mit Seppo und Tozzo vor der Kirche. Isabella, die herausgefunden hatte, dass auch Selina heilkundig war, nahm sie den ganzen Rückweg über in Beschlag und wich nicht von ihrer Seite. Man hörte sie lautstark von ihren Wehwehchen klagen und sah, wie sie sich ab und zu die Hüfte hielt.

Am nächsten Tag wanderten wir zu Tozzo, der uns alle eingeladen hatte. Lupo begleitete uns überall hin und war auch überall willkommen. Nur zu gern nahm man ihn zum Anlass, bei Kaminfeuer und einem guten Schluck Wein, die alten aufregenden Tage wieder aufleben zu lassen und dadurch die Winterabende zu verkürzen.

Am letzten Abend kehrten wir dann bei Seppo und seinen Söhnen ein. Ein zartrosa Hauch lag über den Wangen meiner Schwester, als sie Matteo die Hand gab. Seine Wunden waren sehr gut verheilt und er hatte trotz seiner Narben sein gutes Aussehen nicht eingebüßt. Im Gegenteil, sie machten ihn verwegener. Stark waren seine Muskeln und rau sein Gehabe, doch in der Nähe meiner Schwester war er sanft und gutmütig, zuvorkommend und höflich. Es würde sich zeigen, was sich daraus entwickelte.

Die Weihnachtstage waren erfüllt von Frohsinn, Freude und Freundschaft. Nicht nur Selina und Bianca verstanden sich gut, auch der alte Pepe und Seppo hatten viel gemeinsam. Sie übertrafen sich gegenseitig mit spitzen

Bemerkungen und konnten es nicht lassen, überall ihren Kommentar dazuzugeben.

Daniele berichtete schließlich, dass die Hochzeit zwischen Nicolo und Anita, der Freundin Selinas, in Valfabbrica stattgefunden habe, da Nicolo mit dem neuen Werkzeug von Tozzo für seine eigene kleine Schmiede ausgestattet war und nun endlich ein selbstständiges Einkommen erwirtschaften konnte.

Auch berichtete er, dass meine geschnitzten Figuren auf dem Markt schon in der ersten Stunde verkauft gewesen seien und die Nachfrage danach täglich wuchs. Er hatte viele Münzen dafür bekommen, die er mit einem Augenzwinkern in einem prall gefüllten Beutel vor mich auf den Tisch legte. Ich war verblüfft. Ich hatte ihm nicht mehr als dreißig Figuren mitgegeben und hatte so viele Münzen erhalten, dass ich aus dem Staunen nicht mehr herauskam. Er machte mir den Vorschlag, über die Wintermonate fleißig zu schnitzen und dann im Frühjahr mit ihm auf den Markt zu kommen und die Figuren zu verkaufen. Wenn ich damit weiterhin Erfolg hatte, könnte ich auf eigenen Füßen stehen. Mein Herz schlug mir bei diesem Gedanken bis zum Hals und ich suchte und fand Selinas Blick. So war es also abgemacht:

Wenn der Winter vorbei war und im Frühjahr die Lämmer geboren waren, dann würde ich mich erneut auf eine Reise begeben. Nicht nur nach Monteverde und Perugia, sondern auch noch einmal nach Assisi. Obwohl ich Franz dort nicht mehr antreffen würde, hatte ich dennoch ein Versprechen einzulösen. Ich wollte nach San Damiano wandern, um Alanso, den Ziegenjungen, zu besuchen. Ihm war ich eine gute Geschichte schuldig. Auch Leonardo wollte ich wiedersehen und mich persönlich bedanken. Und wer weiß? Vielleicht würde ich auch den alten Enzo wiedertreffen.

Am meisten aber freute ich mich auf mein eigentliches Ziel:

Nein, nicht das Meer! Lange schon war die Sehnsucht nach dem Meer einer anderen gewichen ... Lavendelduft im pechschwarzen Haar und Edelsteinglanz in ebenso schwarzen Augen: Selina!

* * *

KURZBIOGRAFIE: FRANZ VON ASSISI

1181/82	Geburt von Giovanni Battista Bernardone in Assisi (Umbrien/Italien), genannt Francesco Sohn von Pietro und Pica Bernardone (Tuchhändler)
1188	Schulbesuch in der Pfarrei San Giorgio
1196	Viele Feste und Feiern in seiner Jugend Begegnung mit dem Bettler
1202	Krieg gegen Perugia, Gefangenschaft
1204	Freikauf durch hohe Lösegeldzahlung seines Vaters
1205	Kriegszug nach Apulien, Franz zieht mit Pferd und Rüstung erneut in den Krieg Erste Gottesvision, Franz verschenkt alles und kehrt um Zweite Gottesvision in San Damiano – der Ruf, Gottes Haus wiederaufzubauen
1206	Wallfahrt nach Rom, tauscht mit einem Bettler die Kleidung, um das Leben in Armut auszuprobieren Konflikt mit seinem Vater Aufbau von San Damiano und kleinerer Kapellen, wie der Portiuncula
1207	Prozess seines Vaters gegen Franz vor dem Bischof Guido II. und Kleiderwurf auf dem öffentlichen Domplatz

KARTE VON ITALIEN / UMBRIEN

Italien

DER SONNENGESANG / LAUDATO SI

Laudato si, o-mi Signore
Laudato si, o-mi Signore
Laudato si, o-mi Signore
Laudato si, o-mi Signor

Sei gepriesen, du hast die Welt erschaffen
Sei gepriesen, für Sonne, Mond und Sterne
Sei gepriesen, für Meer und Kontinente
Sei gepriesen, denn du bist wunderbar, Herr
Laudato si, o-mi Signore …

Sei gepriesen für Licht und Dunkelheiten
Sei gepriesen für Nächte und für Tage
Sei gepriesen für Jahre und Gezeiten
Sei gepriesen, denn du bist wunderbar, Herr
Laudato si, o-mi Signore …

Sei gepriesen für Wolken, Wind und Regen
Sei gepriesen, du lässt die Quellen springen
Sei gepriesen, du lässt die Felder reifen
Sei gepriesen, denn du bist wunderbar, Herr!
Laudato si, o-mi Signore …

Sei gepriesen für deine hohen Berge
Sei gepriesen für Feld und Wald und Täler

Sei gepriesen für deiner Bäume Schatten
Sei gepriesen, denn du bist wunderbar, Herr
Laudato si, o-mi Signore ...

Sei gepriesen, du lässt die Vögel singen
Sei gepriesen, du lässt die Fische spielen
Sei gepriesen für alle deine Tiere
Sei gepriesen, denn du bist wunderbar, Herr
Laudato si, o-mi Signore ...

Sei gepriesen, denn du, Herr, schufst den Menschen
Sei gepriesen, er ist dein Bild der Liebe
Sei gepriesen für jedes Volk der Erde
Sei gepriesen, denn du bist wunderbar, Herr
Laudato si, o-mi Signore ...

Sei gepriesen, du selbst bist Mensch geworden
Sei gepriesen für Jesus, unsern Bruder
Sei gepriesen, wir tragen seinen Namen
Sei gepriesen, denn du bist wunderbar, Herr
Laudato si, o-mi Signore ...

Sei gepriesen, er hat zu uns gesprochen
Sei gepriesen, er ist für uns gestorben
Sei gepriesen, er ist vom Tod erstanden
Sei gepriesen, denn du bist wunderbar, Herr
Laudato si, o-mi Signore ...

neukirchener verlag

Leben aus dem Einen!

Geschichtliche Ereignisse und Erzählung packend vereint

Unversehens findet sich Hanna, die für die Schule einen Aufsatz über Katharina von Bora schreiben muss, im 16. Jahrhundert im „Schwarzen Kloster" wieder und erlebt diese außergewöhnliche Frau ganz persönlich.

Eine spannende Zeitreise, die junge Leser ab 10 Jahren mitnimmt in die Vergangenheit und ihnen das Leben der starken Frau an Luthers Seite näherbringt.

Tanja Wenz
Hanna auf den Spuren einer mutigen Frau
Katharina von Bora für junge Leser
gebunden, 140 Seiten, ISBN 978-3-7615-6423-3

www.neukirchener-verlage.de